企→业→日→常→管↓理←系←列←丛←书

促销管理

常见问题清单

徐小花
编著

地震出版社
Seismological Press

图书在版编目（CIP）数据

促销管理常见问题清单 / 徐小花编著 . -- 北京 : 地震出版社 , 2021.10
（企业日常管理系列丛书 / 陈明星主编）
ISBN 978-7-5028-5230-6

Ⅰ . ①促… Ⅱ . ①徐… Ⅲ . ①促销 Ⅳ . ① F713.3

中国版本图书馆 CIP 数据核字 (2021) 第 090229 号

地震版　XM4562/F（6079）

促销管理常见问题清单

徐小花　编著
特约编辑：段会敏　武月莹
责任编辑：王亚明
责任校对：凌　樱

出版发行：地震出版社
北京市海淀区民族大学南路 9 号　　邮编：100081
发行部：68423031　68467991　　传真：68467991
总编室：68462709　68423029
证券图书事业部：68426052
http：//seismologicalpress. com
E-mail：zqbj68426052@ 163. com
经销：全国各地新华书店
印刷：北京柯蓝博泰印务有限公司

版（印）次：2021 年 10 月第 1 版　2021 年 10 月第 1 次印刷
开本：710 × 960　1/16
字数：276 千字
印张：16.25
书号：ISBN 978-7-5028-5230-6
定价：55.00 元

编辑委员会

主编：陈明星

编委：邓之梅　刘中洋　俞　挺　曾贤锋
许　强　朱慧俐　郭汉尧　陈志权
陈竹妹　邱志洋　沈　杰　邱翠萍
杜　猛　杨莎莎　徐小花　颜　阳
余棉红　邓孜青

前 言

PREFACE

常言道："不想当将军的士兵不是好士兵！"每个人都应该有自己的职业追求，将自己锻炼成为一名出色的职场精英。有了目标，工作起来才有劲头，才会让自己获得长足的发展。

工作就是在解决问题，而解决问题的水平则体现了一个人工作能力的高与低。如何在日常工作中，通过解决每个实际问题而不断提升自己的工作能力，是每个人晋升和自身发展亟待解决的问题！为此，我们特别编写了"企业日常管理系列丛书"。

该丛书包括：《财务工作常见问题清单》《采购管理常见问题清单》《仓储管理常见问题清单》《新产品运营管理常见问题清单》《供应链管理常见问题清单》《行政工作常见问题清单》《绩效管理常见问题清单》《客户服务常见问题清单》《企业资本运营常见问题清单》《人力资源工作常见问题清单》《商品配送管理常见问题清单》《生产管理常见问题清单》《物流服务常见问题清单》《销售团队管理常见问题清单》《促销管理常见问题清单》《项目运营常见问题清单》《国际贸易管理常见问题清单》《大客户销售常见问题清单》，共18本，对日常工作常见问题和容易忽略的细节问题进行了梳理，并在整体上架构了不同职位人士的日常工作模型，让每一项工作一目了然，细节无遗漏，工作不失误。读者可以根据自己所需即查即用，工作问题轻松解决。

本丛书有如下特点。

第一，能帮助读者重新梳理自己的工作问题，让工作脉络更加清晰。

第二，能帮助读者加深对每项工作的理解。书中既有针对工作问题的规范性操作，也有经验性的总结，两者的完美结合会对工作问题的解决起到事半功倍的作用。

第三，每项工作都设有工作场景描述，读者可以根据工作需要，即查即用，不致在漫天的文字中间寻找答案，非常实用、方便。

第四，能帮助读者养成总结工作经验的习惯。

第五，引导读者形成“问题导向”的工作意识，从此进入自我提升的快车道。

本丛书认真选取了当下企业中的热点职位及重点部门，从日常工作的实际问题出发，针对每个工作问题进行了思路拓展性解读与分析，给出了经验性的总结阐述，可改善从业者的当前工作局面，为从业者搭建起提升工作能力的可靠阶梯，也为相关专业工作人员全面提升业务水平提供了可借鉴的方法。

促销是时下企业进行市场拓展、提升销售量的最重要的市场营销手段，促销效果最大化是每个企业所追求的目标。当代促销管理已经从粗放型向精准型方向转变，企业更看重促销带来的实际效果，以实际销售数据为最终衡量标准，如销售货品数据、获得优质客户数据等。策划一场高效的促销活动，是促销管理的核心工作。

本书倡导“促销工作清单式管理”，以“促销管理常见问题”为主题展开，全面梳理促销工作中的常见问题，嵌入问题导向的思维意识，重新定义每一项促销工作，采用操作规范指导与工作经验提示相结合的阐述方式，悉数促销工作的关键点。

这是一本揭开促销管理工作“问题导向”思维方法的书。读者朋友可以对照促销管理工作中的常见问题，即查即用。

本系列丛书在编写过程中，得到了相关从业者及工作伙伴的大力支持和配合，在此一并表示感谢！

目录

CONTENTS

第3章 促销计划制订常见问题

第4章 促销方案制订常见问题

第6章 新客户开发与维护常见问题

第7章 客户沟通与促销洽谈常见问题

第1章

促销人员自我管理常见问题

企业的促销活动是通过促销人员来实施的。奋战在一线的促销人员的素养和能力直接决定着促销活动的成败。因此，促销人员必须加强对自身的管理，树立正确的职业观，规范自己的言谈举止，同时还应努力学习专业知识，不断提高自己的促销技能，从而为日后顺利高效地开展促销活动奠定坚实的基础。

1.1　如何进行职业角色的科学转变

> 工作场景描述
>
> 当促销人员想深入理解传统促销与现代促销的差异，改变只重视短期交易的传统促销方式时，可查看。

解读与分析

传统促销主张“拉关系、递目录、对条款、报价格和催下单”。现代成功的促销模式则主张促销人员与客户之间进行高度互动式的信息交流，在信任的基础上达成双赢的协定，最终实现客户的战略目标。为此，促销人员就需做到以下几点来进行职业角色的转变。

1. 充分认识现代促销理念和传统促销理念的差异

传统促销总是以促销人员为核心，向客户推销促销人员认为性能好、价格低的产品，而现代促销理念则认为客户真正需要的产品就是好产品。现代促销理念主张以客户为中心，通过良好的互动沟通，让客户接受产品价值，让客户把促销人员当作购买参谋、朋友和顾问，在“润物细无声”中达到促销目的。

从传统的促销产品转变到促销产品和服务，再转变到今天的促销产品、服务和增值服务，促销理念发生了一系列的演变。促销人员要想进行成功的促销，就必须认识到现代促销理念同传统促销理念的差异。

促销人员需要利用促销企业的产品、服务和专业技能来帮助客户达到其战略目标。在这一过程中促销人员扮演着三种基本角色：促销小组组长、商务顾问和长期盟友。

（1）优秀的促销人员应该是客户的促销小组组长、商务顾问和长期盟友，而非简单的交易伙伴。

（2）优秀的促销人员要与客户进行大量互动式的信息交流，而非只进行单向信息传递，客户只是被动参与。

（3）成功的促销人员要关注客户的需求和解决方案的提供，而非仅关注产品和服务的特性。

（4）现代促销人员需要了解本企业以及客户企业的产品、服务、竞争者和发展战略等信息。

（5）现代促销人员需要在调查的基础上有策略地为客户解决问题，通过解决方案演示以及与促销小组的合作实现客户的战略目标，而传统促销人员仅需要具备面对面的促销技能。

（6）现代促销人员要参与客户购买决策，售后还需维护客户关系，开展跟踪服务，而传统促销人员一般不参与客户购买决策，售后参与也是暂时的。

2. 充当促销小组组长，与客户进行沟通

客户希望促销人员能够帮助其企业实现短期或长期目标，因此，促销人员要采取如下措施及时与客户进行沟通。

（1）参加客户企业的专家采购小组，把售前、售中、售后所需的全部资源进行整合，支持客户。由于促销人员充当了买卖间的纽带，客户更容易知道促销人员身后巨大的资源网络。

（2）找出企业内部能为客户提供独特解决方案的合适人选，并成立促销小组，通过电话、面谈和视频会议等形式为客户提供大量的信息。

3. 充当商务顾问，为客户提供建议和服务

（1）拜访客户前，促销人员要掌握有关客户业务的大量信息，为第一次见面做好充分准备，以便能围绕客户的需求和问题谈一些深层次的问题。

（2）面对客户时，促销人员要及时说明自己对客户的了解，并提出客户感兴趣的观点。

（3）在沟通过程中，促销人员要树立一种诚实、可靠和职业化的形象，以促进信息交流。

（4）促销人员要不断拓宽自己的知识面，成为能够解决各方面问题的专家，只有这样的促销人员才堪称商务顾问。

4. 充当客户的长期盟友，实现双赢

促销洽谈合同的签订并不意味着促销活动的结束，而是双方关系新的开始。促销人员要充当客户的长期盟友，努力创造双赢环境，让自己的利益随着促销额的增长而增长。要知道，与客户的长期盟友关系，不仅能带来后续的订单，还能起到促销示范的作用。

"没有促销就没有企业的存在"，随着客户选择余地的扩大，传统促销方式已逐渐被淘汰，及时地进行职业角色转变是促销人员的当务之急。

关键点提示

促销人员要想进行职业角色的科学转变，需要做到以下几点：

1.充分认识现代促销理念和传统促销理念的差异；2.充当促销小组组长，与客户进行沟通；3.充当商务顾问，为客户提供建议和服务；4.充当客户的长期盟友，实现双赢。

1.2　如何建立科学的促销观念

工作场景描述

当促销人员想用正确理念指导促销活动，改变客户对促销人员及产品的排斥态度时，可查看。

解读与分析

如果客户排斥促销人员的促销，再好的促销模式和促销理念都不起作用。促销人员只有及时转变促销观念，坚持以客户为中心，在正确理念的指导下进行促销，才能从根本上改变客户对自己的排斥态度。

1. 从客户需求出发进行促销

客户的需求是客户购买的基本动机，也是促销的出发点，促销人员必须投其所好，做到以下几点。

（1）促销人员必须认真了解客户的需求。在分析客户是否有支付能力的同时，研究客户的具体需求，向其推荐适当的产品和服务。

（2）促销人员要把产品作为满足客户需求的方案向客户进行推荐，让客户明白它确实能满足自己的需求。客户只有产生需求，才能产生购买动机并引发购买行为。

2. 针对客户需求展示产品卖点

（1）在促销之前要分析交易活动能给客户带来的利益。不同的客户对商品的价值判断会有高低之分，促销人员要在准确判断产品能给客户带来的利益的基础上找到双方利益的均衡点，开展双赢式促销活动。

（2）进行利益判断时，促销人员要看到当前利益和长远利益、直接利益和间接利益，要多因素综合判断利益均衡点。

（3）不以某一次交易的成功与否来评判促销的意义，促销人员要坚持用能够给客户带来的利益引导客户成交。利益展示越充分、越具体，客户购买的可能性就越大。

3. 培养客户对促销人员的信任感

古人讲："诚信为本。"今天的市场经济作为一种契约经济，也推崇重合同、守信用。促销人员要与客户在相互信任的基础上开展促销活动。

（1）促销人员要培养客户对自己的信任感：陈述时有理有据；沟通时诚实而又直率，内行而又专业；树立质量意识；勇于展示自己的才能；注重项目的可行性；关注客户的特殊需求；友好和善，以礼待人。

（2）促销人员在促销过程中不欺不诈，不提供伪劣产品，不从事欺骗性活动，不传播虚假信息，在与客户交往中言而有信、言行一致、表里如一。

4. 对客户进行说服诱导

说服诱导是现代促销的基本手段。促销人员要以语言和行为将自己的意见通过各种方式传递给客户，主动引导促销过程向促销人员期望的方向发展。

（1）促销人员应该提高自己的说服和诱导能力，但不应强迫客户购买，也不应以欺骗的手段进行促销。如果发现产品对客户无用，即使客户信赖我们，也不应强迫客户购买。符合商业道德的说服和诱导有助于增强客户对促销人员的信任。

（2）对不同的客户要采取不同的诱导策略。

①有的客户对产品目录漠然置之。促销人员对这种有反感心理的客户，要用客气话和他慢慢接触，观察其反应，把握当时的气氛，与客户保持若即若离的关系，用和蔼、亲切的态度感化客户。

②有的客户态度冷淡，不易接近，心理自卑。促销人员对这种客户要善于识别，不能有偏见，要不断进行诱导。

③有的客户总表现出自己是“百事通”的样子，拼命驳斥他人。促销人员对这种客户要耐心听其说完，待他心情好了再转换话题。如果促销人员和他争辩，不论争辩成不成功，交易都告吹了。

④有的客户面对诸多产品犹豫不决，对别人的反应很敏感，难下决心购买。促销人员对这种客户要着重介绍产品优点，对他身边的人也要进行诱导，用周围人对产品的认同来影响客户。

综上所述，促销人员要努力进行观念上的转变，把握好需求第一、互惠互利、诚信为本和说服诱导这四大促销原则，建立起客户对促销人员及其产品的信心。

关键点提示

促销人员要想建立科学的促销观念，需做到：

1.从客户需求出发进行促销；2.针对客户需求展示产品卖点；3.培养客户对促销人员的信任感；4.对客户进行说服诱导。

1.3　如何完善促销知识储备

工作场景描述

当促销人员想通过完善知识储备为客户提供完备的服务，使整个促销过程有备无患时，可查看。

解读与分析

促销人员如果对客户提的问题“一问三不知”或者知之甚少，如何能赢得客户的信任，从而获得促销的成功呢？优秀的促销人员必须在促销前进行充分的准备，把行业知识、企业背景和产品信息牢记在自己的脑海里，以便在促销过程中从容、自信地面对客户。准备的具体内容如下。

1. 了解行业信息

促销人员了解行业信息时必须注意以下几点。

（1）促销人员要经常阅读与本行业相关的书籍。只有充分了解自己所在的行业，客户才容易把我们当作顾问。

（2）促销人员要经常参加与本行业相关的交流会或者研讨会，以获得更多的相关信息。例如，当了解到超市方便食品的促销量低于快餐店方便食品的促销量之后，促销人员就可以据此建议超市促销更方便、更快捷的加工食品，以满足人们这方面的需求。

（3）促销人员要及时从报纸、杂志或者研究报告上获得有关本行业的法律、技术等信息。例如，政府出台了汽车尾气的限制排放标准，就注定了有关的汽车生产商要进行相应的改革。

2. 了解本企业各方面情况

当市场上存在太多相似的竞争产品时，客户常常根据企业的声誉选购产品。促销人员对本企业的情况进行准确、深入的了解后，就可以对客户进行有效的说服。

（1）了解企业发展历史。促销人员要努力向客户介绍企业过去的业绩和光荣历史，以此显示企业的专业水平及产品质量。

（2）了解企业的财务状况。如果企业的财务状况良好，企业处于健康发展状态，客户也就没有了后顾之忧。

（3）了解企业的管理状况。把企业高层的最新活动告诉客户，客户或许会因此对促销人员所在的企业产生好感。

（4）了解企业规模和相关政策、订单处理程序等信息。这些信息稍加留意就能获得，经过简单的分析研究就能巧妙地用在促销洽谈中，从而有力地促进交易的实现。

3. 了解本企业产品信息

（1）了解企业产品特性。促销人员应阅读本企业所有产品的说明书，尽可能多地参加本企业的培训活动；每天必须研究一种新产品，并能达到熟练促销的地步；基本了解本企业产品后，要与竞争者的同类产品作比较，分析各自的优势和劣势；寻找使用本企业（或者竞争者）产品的客户，询问他们关注产品哪方面的特性；参观企业的生产基地，了解产品的生产过程；亲自试用企业产品，向客户介绍切身体会。

（2）把产品特性与客户需求相结合。客户购买产品是为了满足自身需要，促销人员可以问自己如下这些问题，找出产品满足客户需求的特性。

①开发此产品的原因是什么？例如，促销人员可以这样告诉客户：开发慢跑鞋的原因在于其宽鞋跟、厚鞋底的特性可以减小跑步者脚上的压力。

②产品由什么制成？例如，促销人员可以这样告诉客户：这种鞋子是用优质牛皮制成的，经久耐用。

③产品是怎样制造的？例如，促销人员可以这样告诉客户：慢跑鞋是用引进的国外最先进的生产设备压制而成的，严格的质量管理保证鞋子穿着舒适。

④其他，如：产品区别于竞争者的独一无二的特性是什么？产品的用途是什么？产品价格与竞争者产品相比如何？原因何在？客户能随时获得服务吗？权威机构对产品的评价如何？

4. 了解竞争者产品信息

（1）从客户身上获得竞争者的相关信息。促销人员可以观察客户办公室里是否摆放有竞争者的产品，也可以直接询问客户对竞争者产品的意见。

（2）从竞争者处获得。

（3）从报纸和杂志上获取。

（4）从广告和展销会上了解竞争者情况。竞争者通常会在广告和展销会上强调自己产品的优势。

5. 进行目标市场分析

促销活动开展之前的重要准备工作之一是进行目标市场分析。促销人员需要按照以下顺序，仔细分析本企业产品和服务所面临的市场环境。

（1）确定本企业产品特性、利益点并进行排序。促销人员要把所有产品特性和利益点列在一张清单上，坚决按对客户的重要程度进行排序。

（2）确定本企业的优势、劣势和竞争力。如：企业资金实力强吗？信誉好吗？质量服务优吗？与竞争者相比有差距吗？

（3）描述行业中典型客户的所有主要特性。谁是我的现有客户？如何根据购买行为对客户进行分类？促销量有多大？能持续多长时间？

（4）根据以上产品特性、利益点及其重要程度排序，并根据企业的优势、劣势和竞争力，判断出本企业的产品和服务最适合哪一类客户，较适合哪类客户。

关键点提示

为完善促销知识储备，促销人员需掌握以下内容：

1.了解行业信息；2.了解本企业各方面情况；3.了解本企业产品信息；4.了解竞争者产品信息；5.进行目标市场分析。

1.4 如何进行促销过程中的自我管理

工作场景描述

当促销人员想通过自我管理提高促销业绩时，可查看。

解读与分析

许多能力一般的促销人员取得了成功，是因为他们知道如何进行自我管理。有效的自我管理将改善促销人员的工作状态。

1. 进行客户分析

现代促销主张以客户需求为中心，努力为客户服务。为客户服务时必须注意以下几点。

（1）促销人员要从购买能力、购买数量等方面对客户进行评价，以确保向最可能购买产品的客户促销。

（2）促销人员要尽可能地把时间用在与有利可图的客户的联系上，不要把太多时间浪费在小客户身上，要将更多时间分配给能够带来更多促销收入的大客户身上。

2. 制订促销活动计划

促销人员要以1周或者10天为一个时间段，以30分钟为一个时间单位进行分析。如果过多时间被浪费在非产出性活动上，就要采取相应的补救措施。

（1）促销人员通过提问了解谁是购买决策者，以防止把时间浪费在不适当的拜访对象上；要提前安排好拜访计划，确定明确的拜访目标和策略。

（2）避免把时间浪费在等待上。促销人员要选择最合适的拜访时间；提前预约并确定会面时间，减少等待；在等待过程中可以做一些相关工作。

（3）避免把时间浪费在交通上。采用有效的方法来规划路线，比如直线法、环线法、四叶式交叉法和间隔跳停法等。

3. 进行客户拜访效果分析

促销人员要尽量客观、理性地评价拜访客户的数量和质量。拜访效果分析涉及以下方面。

（1）客户是否是重要客户？需要联络吗？不联络的原因是什么？

（2）是否达到了拜访目标？没有达到的原因是什么？

（3）采用的方法有效吗？

（4）是否充分了解了客户的需要和问题？还有什么情况需要了解？

（5）产品介绍成功吗？是否介绍了产品特点、优点等？

（6）认真倾听了吗？语速、语调是否合适？关注客户的非语言行为了吗？

（7）是否有回答不出的问题？下次如何回答这些问题？

（8）是否在恰当时机结束访谈？结束方式效果好吗？如果不好，原因何在？

（9）总体结果如何？下次如何改进，以达到期望目标？

4. 利用现代工具协助自我管理

促销人员可充分利用电脑、手机、复印机和打印机等工具协助进行自我管理。例如，用Word进行文档处理，用PowerPoint设计演示文档，用SPSS进行统计分析，用

Photoshop进行图形绘制，用Excel进行数据管理等。

促销人员可通过网络搜索产品和行业的相关信息，在互联网上进行本企业的宣传，通过电子邮件发送资料，用传真、复印机等提高工作效率。

关键点提示

促销人员在促销过程中进行自我管理时，需做到以下几点：

1.进行客户分析；2.制订促销活动计划；3.进行客户拜访效果分析；4.利用现代工具协助自我管理。

1.5 如何才能具备优秀的职业素质

工作场景描述

当促销人员想通过自身职业素质的提升来提高促销效率，提升促销业绩时，可查看。

解读与分析

良好的职业素质是成功促销的前提和基础。促销人员应该从以下几个方面来提高自己的职业素养。

1. 树立强烈的事业心和高度的责任感

作为一种创造性劳动，促销工作需要付出极大的体力和脑力。不断出现的困难，需要促销人员用坚定的毅力和良好的职业素质去克服。

（1）树立强烈的事业心。促销人员要热爱自己的工作，干一行，爱一行，钻一行，力争成为促销高手。

①促销人员要树立正确的促销观念，把满足客户的消费需求作为自己促销工作的起点，充分利用企业的产品、服务和专业技能来帮助客户达到目标。

②促销人员要摒弃一切不正当的促销方法和手段，杜绝弄虚作假。

③促销人员要懂法、守法，遵循国家相关政策法令，合法促销，不损害国家利益。

（2）要有高度的责任感。促销人员的责任感体现在企业和客户两个方面。一方面，促销人员代表着企业，言行关系到企业的声誉与形象；一方面，促销过程是一个与客户沟通的过程，需要在促销过程中体现客户利益。

①合格的促销人员要想方设法地完成企业的促销任务。

②在促销活动中促销人员要为企业树立良好形象。

③促销人员要向生产者转达客户的意愿。

④货款的回收并不意味着促销过程的结束，而是售后服务的开始，要进一步了解客户的产品使用情况，为客户提供后续服务。

2. 通过学习提升自己的文化素养

尽管高的文化素养并不意味着好的促销业绩，但没有良好的文化素养很难有好的促销业绩。优秀的促销人员应该通过培训、进修等方式努力掌握如下几方面的知识，以提高自己的文化素养。

（1）企业创建发展历程以及经营指导思想、相关规章制度、营销战略和市场策略等。

（2）产品的生产流程、生产方法、技术性能以及使用和维修方面的知识。

（3）市场方面的知识，如营销理论、促销方法和市场法规等知识。

（4）客户消费心理和消费行为方面的知识，如商业心理学、公共关系学等学科知识。

（5）法律知识。

3. 通过锻炼使自己具备良好的身体素质

促销人员需要经常出差，而且经常要携带样品、目录等物品；与客户洽谈时需要斗智斗勇，脑力消耗大……这些都需要促销人员有良好的身体素质。

强健的身体是成功促销的基础。促销人员要每天抽出时间锻炼身体，从而拥有一个健康的体魄。

4. 要经常调整自己的心态

成功的促销人员必须具有一种有利于达成交易的个人心理素养。因此，促销人员经常对自己的心态进行调整是很有必要的。

（1）促销人员要改变自己的内向性格，多和人接触交往，训练自己的口头表达能力，这样才有利于向陌生人推销。

（2）促销人员要不断增强自信心、耐心，待人宽容。初入行者由于没有经验，需要逐渐增强自信心，一旦熟悉了这项工作，就得培养耐心，待人宽容，要容得下客户挑剔的眼光。

关键点提示

促销人员优秀的职业素养包括：

1.强烈的事业心和高度的责任感；2.较高的文化素养；3.良好的身体素质；4.一流的心理素养。

1.6 如何提高自己的促销能力

工作场景描述

当促销人员想通过提高自身能力来推进促销工作，改善促销业绩时，可查看。

解读与分析

1. 在与客户的交往中不断提升自己的社交能力

良好的社交能力能使促销人员与客户之间的信息交流更为顺畅。从以下几方面入手，有助于促销人员提高自己的社交能力。

（1）促销人员要努力学习各种沟通技巧，尽量多和陌生人交往。

（2）促销人员要对人热情、随和，能够从客户的角度出发思考问题。

（3）促销人员要培养广泛的兴趣爱好，以便与不同性格、年龄和爱好的客户交往。

2. 训练自己的语言表达能力

信息需要用语言来传达。促销人员要学会灵活运用语言去打动客户，促使其购买产品。

3. 培养敏锐的洞察力

促销人员要熟悉客户的心理与行为。在拜访客户的过程中，要认真观察与分析客户的居住或工作环境，同时从客户的手势、眼神、语气和脸色中发现一些细枝末节，最终判断出客户是否具有购买欲望、购买能力等。当然，促销人员要真诚，不要戴“有色眼镜”。

4. 培养良好的应变能力

促销前的分析、研究和准备是很有必要的，但是事情的发展总是难以预料的。当一些意想不到的情况出现时，促销人员需要认真分析，理智处理，冷静思考，随机应变，提出良好的解决办法。

5. 要能够灵活处理客户异议

促销人员在促销过程中，要通过有效的提问掌握促销活动的主动权，控制谈话的局势，回答客户针对产品质量、价格和样式等方面提出的疑问，尽量让客户满意。促销人员要想灵活处理客户的异议，事先必须多做准备，以保证万无一失。同时，促销人员要多看相关案例，吸取经验教训。

关键点提示

促销人员应注意培养自己拥有以下能力：

1.社交能力；2.语言表达能力；3.洞察力；4.应变能力；5.灵活处理客户异议的能力。

1.7 如何提升促销人员自身的声誉

工作场景描述

当促销人员想通过提升自己的声誉来维护客户关系、提高业绩时，可查看。

解读与分析

优秀的促销人员须有自己的职业道德规范，在工作中踏踏实实地扮演好促销小组组长、商务顾问和长期盟友的角色，通过自身良好的言行提升自己的声誉。

1. 找出制约促销业绩提升的瓶颈

促销人员往往需要具有优秀的业绩才能够赢得客户的尊敬。促销人员要想提升自己的声誉，必须在改变自身形象的基础上创造出辉煌的业绩，以此拉近和客户之间的距离。如下一些制约促销业绩提升的瓶颈是促销人员应该避免的。

（1）缺乏产品知识。促销人员只有了解自己的产品和客户的需求，才能进行有针对性的促销。

（2）浪费时间。未经妥善安排的访问以及无休止的谈论都是对时间的浪费。

（3）计划不当。促销人员拜访客户前应做一些准备工作，看拜访是否有必要。

（4）不符合职业风范。例如，贬低竞争对手、饮酒过量、邋遢的外表等都不符合职业风范。

（5）盲目乐观。促销人员过分自信，向客户做出超出自己能力范围的承诺。

2. 努力赢得客户和竞争对手的尊敬

要想赢得客户和竞争对手的尊敬，促销人员必须注意自己的言行，为此促销人员需要做到以下几点。

（1）实话实说，兑现承诺。不要在工作时因失去诚信而错失良机。

（2）具有关于企业产品、行业等方面的丰富知识，积极参加企业举办的促销培训活动，学习各项进修教育课程。

（3）多说企业及竞争对手的好话，为客户保密，不利用客户谋私利。

（4）积极参与公益活动，如积极参加社区、商会和环境保护组织等举办的公益活动。

（5）为客户提供的服务要超出客户的期望。记住，维护关系比建立新的关系更困难。专业的促销人员是不会在售后就忘记客户的。

3. 学习优秀促销人员的专业素养

优秀的促销人员之所以优秀，总有他们自身的原因。促销人员要善于向优秀促销人员学习，借鉴和总结他们好的经验，在优秀促销人员潜移默化的影响下，自己也会优秀起来。以下几方面就值得学习和借鉴。

（1）愿意主动为客户出力。

（2）售后服务全面并跟踪到底。

（3）十分了解企业的产品。

（4）把自己掌握的市场知识告诉客户。

（5）善于运用各种手段和技巧向客户推销产品，满足他们的需要。

（6）了解竞争对手的产品。

（7）善于开展客户拜访前的准备工作。

（8）定期进行客户拜访。

（9）接受各种技术培训。

（10）了解新产品。

关键点提示

促销人员要想提升自身的声誉，应做到以下几点：

1.找出制约促销业绩提升的瓶颈；2.努力赢得客户和竞争对手的尊敬；3.学习优秀促销人员的专业素养。

第2章

促销人员培训、激励与考核常见问题

对于企业来讲，促销人员的作用举足轻重。尽管企业有许多方法可以促进产品的销售，但如果没有促销人员与客户的直接沟通，那么其效果都将大打折扣。因此，企业需要拥有一支优秀的促销队伍，需要不断地开展针对促销人员的培训、激励与考核活动，以确保这支队伍永远是一支高效率、能打硬仗的队伍。

2.1　如何对促销人员进行培训

工作场景描述

当企业希望通过提高促销人员的认识和能力来卓有成效地扩大促销成果时，可查看。

解读与分析

在选定促销人员后，执行促销项目前，企业必须对促销人员进行促销基础知识和促销项目专案两种培训。企业对促销人员的培训要有详细的培训计划和明确的培训目标，并由经验丰富的专业人员进行具体指导。促销人员培训的内容是根据培训目标来确定的。通常培训的内容包括以下几个方面。

1. 企业情况

如企业的发展历史、经营目标及方针、长远发展规划等各种情况。

2. 产品知识

如产品的结构，性能，质量，采用的技术，先进性，用途，使用，保养和维修方法等各方面的知识。

3. 市场情况

市场情况通常包括以下三大内容。

（1）市场管理规则，法律、税收等要求。

（2）对目标消费者的心理、购买习惯，消费者的地域和行为表现，消费者的收入、信用等情况的分析。

（3）竞争对手的历史、现实及发展分析，竞争机会与危机分析等。

4. 活动方式

（1）促销方式的介绍。

（2）促销工作流程及促销人员扮演的角色。

（3）促销设备、仪器的使用方法。

（4）促销人员奖惩制度说明。

5. 促销技能

促销人员促销业绩的好坏最终取决于其促销能力的高低，所以，企业有必要对促销人员进行促销技能的培训。

6. 综合素质

（1）强化促销人员的市场观念。无论是现有还是潜在的客户，促销人员都要对他们十分尊敬，认真对待。

（2）塑造促销人员的促销心态。企业要培养促销人员持之以恒、积极向上的工作态度。

（3）培养促销人员的职业素养。企业要积极训练促销人员的职业语言，让促销人员做到与客户沟通时敢说、能说、会说；注重促销人员的职业形象塑造，让促销人员在执行具体促销任务时，真正做到敢干、能干、巧干。

促销人员素质的高低是促销工作能否取得成功的关键因素。一般来说，促销人员应具备与他人和睦相处并赢得他人信任与好感的实际能力，还应富有进取心和自信心，精力充沛，勇于开拓，同时还应具备良好的职业道德和各种丰富的业务知识。

总之，企业在对促销人员的培训过程中，一方面要让他们认识到想成为优秀的促销人员，必须首先做好基础工作；另一方面，要让他们认识到不能甘于平凡的工作，要引导他们积极向上，激发他们的工作激情和不甘平庸的潜意识。只有那些不甘平庸的促销人员，才能取得别人无法取得的辉煌业绩。

关键点提示

对促销人员的培训主要有以下几个方面：

1.企业情况：促销人员要全面充分地了解企业经营理念及发展规划；2.产品知识：促销人员要熟练掌握各种促销产品的相关知识；3.市场情况：促销人员要清晰、全面地知道促销对象以及竞争对手的相关情况；4.活动方式：促销人员要清楚自己所扮演的角色、工作流程以及奖惩制度等各方面的情况；5.促销技能：促销人员要掌握一定的促销技能；6.综合素质：促销人员的综合素质要不断提升。

2.2　如何合理分派促销人员

工作场景描述

当企业为了提高促销的效率，减少人员成本的浪费时，可查看。

解读与分析

许多人认为，增加促销人员会提高促销额，其实二者并不总成正比。并不是促销人员越多越好，招募过多的促销人员会造成企业成本的浪费。因此，企业就要考虑如何恰当、合理地分派促销人员，以便大幅度提高促销效率，一般可以采取如下方法。

1. 按区域确定

根据区域的大小确定促销人员数量。例如，逐户发送样品时，企业应事先了解某住宅小区的住户数量，计算平均一位促销人员在单位时间内能够派发多少份样品，再安排该区域所需的促销人员。

2. 按产品确定

企业可根据不同产品的特性分派具有不同形象和特长的促销人员。例如，佳洁士牙膏在“佳洁士爱牙月”促销活动中，要求促销人员牙齿白净、健康；潘婷洗发水在店内展示活动中，要求促销人员头发乌黑、光亮、柔顺等；而对于家电、计算机等产品的促销，企业则要求促销人员熟悉理工科知识，逻辑思维能力也要非常强。

3. 按客流量确定

企业可根据客流量的多少来安排促销人员。如果促销人员太多，则会造成成本浪费；如果太少，又会遗漏目标消费者。这种方法在定点派送、店内促销中会经常用到。

企业对促销人员的分派还可以根据促销人员对市场环境或产品的熟悉程度来进行。把促销人员派到他最熟悉的某市场区域，或让促销人员负责他最熟悉的产品，这样可以使促销人员最大限度地发挥出他的工作潜力。

总之，企业应该针对实际情况，恰当合理地分派促销人员，尽量减少人员成本的浪费。

关键点提示

分派促销人员常采用以下方法：

1.按区域确定；2.按产品确定；3.按客流量确定。

2.3 如何激励促销人员

工作场景描述

当企业希望通过对促销人员的激励来大力促进销售时，可查看。

解读与分析

在了解客户需求之前，先了解促销人员的需求，是企业促销成功的前提条件。企业要想开发市场，首先要激励促销人员。企业要想制订有效的激励促销人员的方法，关键要先对促销人员有全面、充分的了解。美国盖洛普管理顾问集团将促销人员分成四种个性类型：竞争、成就、自我欣赏和服务。企业要想提升促销人员的业绩，就要针对不同类型的促销人员采取不同的激励方式。

1. 竞争型

此类促销人员在促销竞赛中表现得特别活跃。企业要想激励竞争性强的促销人员，最简单的办法就是很清楚地把胜利的含义告诉他们，而竞赛就是最有效的一种方式。

2. 成就型

许多企业认为，成就型的促销人员是理想的促销人员，他们自己给自己定目标，而且比任何人定得都高。只要整个团队能取得成绩，他们往往毫不在乎功劳归谁，此类型促销人员是最优秀的团队成员。

有些企业认为，激励这类已经自我激励了的促销人员的正确方法，就是要确保他们不断地受到各种挑战。

也有一些企业认为，激励成就型促销人员的最好办法就是不去管他们：把工作目标交给他们，随他们怎么干。这种方式本身就是对他们的一种很大的激励。

激励成就型促销人员的另一种有效方法就是培养他们进入管理层。

3. 自我欣赏型

此类促销人员需要的远不止奖励，他们希望得到的是企业认为他们很重要。对这类促销人员最佳的激励方式就是让他们如愿以偿。有的人认为，最能激励他们的方法是向他们征询建议。

4. 服务型

这类促销人员通常是最不受重视的，因为他们往往带不来大客户，加之他们的个性原因，导致他们的市场领地不会变得很大。企业激励这些默默无闻的“英雄”的最好办法就是公开宣传他们的事迹。

总之，不同的方式能激励不同类型的促销人员。无论什么类型的优秀促销人员，都有一个共性：不懈地追求。企业只要激励方法得当，都能收到良好效果。

关键点提示

激励促销人员的方式主要有以下几种：

1.激励竞争型促销人员的最有效方式是开展促销竞赛；2.激励成就型促销人员的方式是确保他们不断受到各种挑战或提高挑战的激烈程度；3.激励自我欣赏型促销人员的方法是多向他们征询建议；4.激励服务型促销人员的最好方法是公开宣传他们的事迹。

2.4 如何运用薪酬制度激励促销人员

工作场景描述

当企业希望运用薪酬制度来最大限度地激发促销人员的工作热情，大幅度提高他们的促销业绩时，可查看。

解读与分析

设立合理的薪酬制度有助于最大限度地激发促销人员的工作热情，促使其积极地开展业务，提高促销量，使促销业绩创出新纪录。薪酬制度通常有以下几种。

1. 纯粹薪水制度

这种多用于文秘或内勤工作人员。

2. 纯粹佣金制度

企业的新产品上市后，为了迅速开拓市场而雇用开拓型或推销型的促销人员时采用。这种薪酬制度可以最大限度地激发促销人员的工作热情。

3. 薪水加佣金制度

当企业的产品已进入成长期，销量较为稳定时，无论是对临时的还是专职的促销人员，都可考虑使用此种薪酬制度。

4. 薪水加奖金制度

当企业的产品已进入成熟期，市场需要维护和管理时，企业所雇用的促销人员多为管理型人员，此时可以考虑采用薪水加奖金的薪酬制度。

5. 薪水加佣金再加奖金制度

这种薪酬制度合理、恰当地集中了上述后三种方法的优点，在企业的产品进入成长期、成熟期，促销人员为开拓型或管理型时，均可考虑采用这种薪酬制度。

6. 特别奖励制度

特别奖励分为物质奖励和精神奖励两种。

（1）物质奖励。

①奖品。奖品属于物质奖励范畴。

②旅行。对于业绩突出的促销人员，企业可给予他们一段时间的旅游假，并提供一定金额的旅费来作为相应奖励。

（2）精神奖励。

一个人除追求物质需求满足外，还追求精神需求的满足，所以企业也应给予促销人员精神奖励。

①名誉褒奖。企业在促销人员取得优良业绩后，可授予他们项目和年度促销优胜奖、企业促销明星奖、企业终身荣誉奖等各种销售奖。

②生活关怀。企业定期组织促销人员聚会，为促销人员开生日庆祝会，以增强其对企业的归属感。

同类工作的薪酬不必完全一致。企业制订的薪酬水准只可作为决定某一员工薪酬的基础，也就是说，不同经验及能力的促销人员应该获得不同的薪水。另外，企业也要将工作成果作为确定报酬水准的基础，对于个别促销人员的工作成果，应以奖金的形式给予其应得的激励。

总之，企业通过给予促销人员各种形式的奖励，可以最大限度地激发其潜能和主观能动性，使他们更加积极地投入到工作当中。

关键点提示

薪酬制度主要有以下几种：

1.纯粹薪水制度：适用于文秘或内勤人员；2.纯粹佣金制度：适用于产品导入期的促销人员；3.薪水加佣金制度：适用于产品成长期的促销人员；4.薪水加奖金制度：适用于产品成熟期的促销人员；5.薪水加佣金再加奖金制度：适用于产品成长期、成熟期的促销人员；6.特别奖励制度：运用物质或精神奖励的方法激励促销人员。

2.5 如何编制促销手册

工作场景描述

当企业希望将促销的基本知识和成功经验汇集成册，以使促销人员能受到系统、全面的培训并出色地完成工作时，可查看。

解读与分析

促销手册是一种促销工具，其目的是给促销人员提供多方面的促销知识，以提高促销人员的工作效率。

通常情况下，企业的促销手册有三种形式，不同形式的促销手册具有不同的内容。

（1）通用手册，是企业全体促销人员平时必备的手册。其内容包括：企业概述、促销人员的任务、促销技术、客户管理、自我管理等。

（2）产品促销手册，是说明产品特点、促销方法和使用方法的手册。其内容包括：目标市场、产品说明以及其他有关产品的资料。

（3）促销手册，是在企业举行特定的销售促进活动之前制作的手册。其内容包括：活动主题、目标市场、实施方案说明、宣传工具的使用说明等等。

企业在编制促销手册时，应注意遵循以下原则。

1. 内容必须具有实用性

编制促销手册的目的是给促销人员提供操作上的指导，因此，内容上可尽量减少理论分析和介绍，而多提供一些实际操作的方法或规则，并尽可能使其条目化，以方便促销人员查询。

2. 注重编制前的调查研究

企业要想保证促销手册具有实用性，编制前的调查研究是必不可少的。企业要深入地、全面地了解促销人员的实际需要，了解企业及产品现状，切忌编排的内容与实际情况脱节，要确保手册具有较大的参考价值。

3. 邀请多方人员参与编制

促销手册的编制者不能仅限于销售部门的人员，其他有关部门的人员也应参与编写内容的讨论，以使促销手册的内容更具体实用。此外，企业外部也有编制促销手册的专家，必要时还应征求他们的意见，请求给予指导。

4. 保证使用上的便利性

促销手册的编制必须以便于使用为原则。便利性包括以下三方面内容。

（1）便于携带，体积要小。

（2）便于理解。手册中的语言要简练，条款要清晰，必要时还可加入图表。

（3）便于查阅。手册可以根据不同内容分成若干分册，每一分册集中解决某一类问题。这样的分册页数不多，便于查阅，同时也便于促销人员根据需要随身携带。

5. 注意保守业务机密

促销手册将企业的全部促销方法，用简洁清楚的语言加以概括总结，内容涉及企业秘密的可能性很大，因此必须注意严格保密。

总之，促销手册编制水准的高低，决定了该促销工具的实际运用效果。

关键点提示

编制促销手册时需要遵循以下原则：

1.内容必须具有实用性；2.注重编制前的调查研究；3.邀请多方人员参与编制；4.保证使用上的便利性；5.注意保守业务机密。

2.6 如何使促销人员取得奇特的促销效果

工作场景描述

当企业针对不同类型的客户对现场促销人员进行促销培训时，可查看。

解读与分析

拥有优秀的促销人员是企业成功开展促销活动的关键。几乎所有的消费品制造企业为了推广其产品，都会采取雇用促销人员现场促销的方法。由于这些促销人员直接面对客户，因此，企业需要对他们进行客户需求和心理分析方面的培训，使他们能够根据客户的购买意向和心理、性格来恰当地区分促销对象，进而采取相应的促销对策。

1. 根据客户的购买意向区分客户，并采取相应的对策

（1）强意向客户。此类客户的购买目标明确，往往知道要选购什么产品，对产品的用途和使用方法也都比较清楚。因此，这类客户一般无须促销人员帮其选购或向其促销，但促销人员必须加以维护。

（2）弱意向客户。此类客户的购买目标往往是模糊的，促销人员需要用较强的说服力来帮助其选购产品。

（3）零意向客户。此类客户没有明确、具体的购买目标，他们对促销人员的依赖性比较强，此时促销人员的耐心就显得十分重要了。

2. 根据客户的心理、性格区分客户，并采取相应的对策

（1）果断型。此类客户无须促销人员多费口舌，只需促销人员稍加点拨，很快就能做出选购的决定。因此，对这类客户，促销人员要判断准确，点拨到位，语言简练。

（2）优柔型。此类客户在促销人员反复说明、解释以后，仍迟迟不能做出选购商品的决策。对于这一类客户，促销人员需要从多种角度，耐心、反复地说明产品的各种性能和能给他们带来的实际利益，特别要注意的是，说服要有根有据，即有说服力。

（3）沉默型。这类客户不会对促销人员的促销表明任何态度，很难判断他们心里究竟是怎么想的，是最难对付的一类。对这类客户，促销人员要先问、多问，要根据这类客户的一举一动，判断出他们对哪类产品感兴趣。交谈时，促销人员要注意顺从他们的性格，轻声慢语。具有一定消费心理学知识的促销人员之所以能够取得“百发百中”的促销奇效，是因为他们能够站在比普通促销人员更高的角度来洞察促销对象。

（4）心直口快型。此类客户往往直接拒绝促销人员所促销的产品，或直接要某一品牌的产品。对这类客户，促销人员应始终以亲切的微笑相待，顺着客户的话来引导他们，说话的速度可快一些，介绍产品时，只要说明重点即可。对促销人员的第一印象，对这类客户的最终选择有重要影响。如果他们对促销人员有好感，就会对促销人员的问话产生强烈而又积极的回应；否则，就会以“不要”之语来回绝。

总之，促销人员应具有相当强的识别客户的能力，要能够依据客户的举止言谈来识别客户的知识层次和购买能力。只有这样，促销的对象才更明确，更具有针对性。

关键点提示

促销人员要想取得出人意料的促销效果，关键要：

1.根据客户不同的购买意向采取相应的促销对策；2.根据客户不同的心理、性格采取相应的促销对策。

2.7 如何对促销人员进行绩效考核

工作场景描述

当企业想加强对促销人员的监督管理时，可查看。

解读与分析

绩效考核是指对员工的工作行为与工作结果全面地、系统地和科学地进行考察、分析、评估与反馈的过程。

绩效考核与促销人员工作积极性的关系最为密切。一个企业制订的绩效考核标准是否合理，绩效考核的实施是否公平、准确，会直接影响一线促销人员的工作积极性，所以企业必须把握好绩效考核互动性的特征，运用科学方法，对促销人员进行绩效考核。

1. 绩效考核的标准

（1）促销量。其包括总促销量、区域促销量和产品促销量。

（2）市场占有率。市场占有率可以揭示企业的竞争实力，反映企业在市场中的地位和企业的经营业绩。企业对市场占有率进行评估时，既要与本企业历史市场占有率相比，也要与竞争对手的市场占有率相比。

（3）费用额。对促销费用的考核，企业可以按总费用与各分类费用进行，如区域促销、产品促销、消费者促销等各种费用，结合各类别的费用配额进行比较分析。同时涉及促销额、费用的评估，可以及时发现促销费用使用中存在的各种问题，将促销费用控制在预算的范围内，调整促销费用的使用，提高促销费用的使用效率，从而保证企业取得很高的促销利润和经济效益。

（4）利润额。对利润的分析也可以按总利润及各分类利润分别进行。利润分析对促销工作具有很大的指导作用，企业可以加强针对高利润区域、高利润产品、高利润消费者群体的工作，保证企业营销利润的成功实现。

（5）回款额。资金回笼多少是促销人员工作业绩的具体体现，能够反映出企业的产品销售和利润情况。

2. 绩效考核的方法

（1）促销人员之间的比较。企业可对不同促销人员的工作业绩加以比较并排序。然而，这种比较可能会产生误导。只有在地区市场潜力、工作负荷、竞争状况等方面具有可比性时，企业比较促销人员的工作业绩才更公平、合理并更有现实意义。而且，企业还应该注意每个促销人员为净利润所做的贡献，这就要求审查各促销人员促销产品的组成和促销费用。

（2）现在与过去促销额的比较。比较一个促销人员现在和过去的工作业绩。

（3）消费者满意度评价。消费者满意度评价并不能作为所有促销人员业绩考核的因素。在促销过程中，促销人员大多需要与产品使用者接触，因此服务消费者显得尤为重要，服务质量的好坏将是绩效考核的一个重要内容。

总之，绩效考核可以帮助企业正确认识各项促销活动内在的联系，明确影响促销活动效果的各种原因，找出促销活动中存在的关键问题，有利于目标管理的推行和企业营销利润的实现。

关键点提示

对促销人员的绩效考核包括以下内容：

1.绩效考核的标准；2.绩效考核的方法。

第3章

促销计划制订常见问题

企业在开展营销活动时，制订目标是一项重要的工作。它不仅可以使企业在营销规划时期有行动的依据，而且可以使企业在营销实施后有考核的标准。促销目标根据促销组合因素可分为：广告目标、公共关系目标、人员促销目标和销售促进目标。为了实现促销目标，企业需要有一个完善的促销计划，首先要制订符合年度营销计划的年度促销计划，再针对具体的促销活动制订促销活动方案。

3.1　如何制订促销目标

工作场景描述

当企业在促销活动策划阶段需制订明确、具体的促销目标时，可查看。

解读与分析

一个成功的促销管理者，必须在他的工作中制订明确、具体的促销目标。制订促销目标的原则如下。

1. 促销目标必须有助于达成营销总目标

广告、公共关系、人员推销以及销售促进等个别目标的制订，必须以确保企业营销总目标的完成为前提。促销目标是营销总目标的细分目标，因此在制订促销目标时，必须有助于达成营销总目标。

2. 促销目标必须是具体的，并且是可评估的

含糊不清的目标，对规划工作没有任何益处，对评估工作也毫无贡献可言，因此，设定的促销目标必须尽量具体化。

3. 促销目标必须依据实际情况来制订

促销目标可以分为两大类：刺激需求促销目标和树立企业形象促销目标。若促销目标定得太高，则容易导致促销人员气馁，当目标无法达成时，士气会显得很低落；若目标定得太低，就会失去激励的意义。所以，促销目标必须依据实际情况来制订，目标要明确、合理，有针对性，如此才能激励促销人员努力达成目标。

4. 促销目标必须有明确的促销对象

促销目标是针对促销对象制订的，因此，促销管理者必须根据特定的促销对象来制订促销目标。

5. 制订促销目标时必须明确责任

促销管理者要把促销目标清楚地写出来，分发给每一位负责执行的人，并指明某项促销目标由何人负责。促销目标可以依据不同的标准进行分类。根据不同的促销对象，促销目标分为对消费者的促销目标、对中间商的促销目标等；根据促销组合因素，促销目标可分为广告目标、公共关系目标、人员推销目标和销售促进目标。

6. 促销目标要经过审核

事前制订目标，事后核查绩效，是使促销活动卓有成效的秘诀。但是，促销管理者不能只在促销活动结束后核查促销绩效，也要在促销活动过程中进行定期核查，确定促销活动是否按照计划进行或是否需要改变计划，以便在计划执行状况产生严重偏离之前，做一些必要的改变。

总之，制订合理的促销目标是企业开展促销活动的首要任务，它不仅为促销规划时期的行动提供了依据，还为促销活动结束后的效果评估提供了标准。

关键点提示

制订促销目标时需要遵循以下原则：

1.促销目标必须有助于达成营销总目标；2.促销目标必须是具体的，并且是可评估的；3.促销目标必须依据实际情况来制订；4.促销目标必须有明确的促销对象；5.制订促销目标时必须明确责任；6.促销目标要经过审核。

3.2 如何用科利法制订广告目标

工作场景描述

当企业希望通过制订广告目标测定广告促销效果时，可查看。

解读与分析

广告目标是促销目标的一部分，美国广告学家科利曾提出了“制订广告目标以测定广告效果”的方法。

1. 科利法的原则

（1）广告目标是只有广告才能完成的特定目标，而不是与其他促销组合因素共同发挥作用而达到的目标。

（2）广告目标要用简洁的语句写成，可测定。

（3）广告目标要得到促销相关各部门的一致同意。制订计划与执行计划要分开。在花费时间和金钱执行计划前，相关部门需要在“说什么，对谁说”上达成一致。

（4）广告目标是以缜密、小心地衡量市场各种机会为依据而表达出来的非常实际的期望。

（5）要依据其所完成的事项能够测量这一标准而制订。

（6）在确定广告目标的同时，制订测量广告效果的方法。

2. 科利法的核心主题

其核心主题是，有效的广告目标既明确又能测定。为了确定要达成的广告目标，科利建议使用 6M 方法，内容如下。

（1）商品（Merchandise）：促销产品能够为促销人员提供的利益有哪些？

（2）市场（Markets）：促销对象是谁？

（3）动机（Motives）：他们为什么买或不买？

（4）信息（Messages）：企业所要传达的主要想法、资讯与态度是什么？

（5）媒体（Media）：怎样才能传达给促销对象？

（6）测定（Measurement）：要提出什么样的准则来测定广告效果？

另外，为了正确测定广告效果，策划者要能够察觉客户在知觉、态度或行动上的改变。因此，策划者还需设定沟通目标。

（1）知名（Awareness）：必须让潜在客户知道品牌与企业的存在。

（2）理解（Comprehension）：必须让潜在客户理解产品是什么，以及这种产品能够为他带来什么。

（3）信服（Conviction）：让潜在客户决定购买该产品。

（4）行动（Action）：让潜在客户采取行动。

科利认为广告工作纯粹是向限定的视听受众传播信息并刺激其行动。广告的成功与失败，应视其是否能有效地将想要传达的信息与态度，在合适的时候，花费合适的成本，传达给合适的人。

总之，广告目标应尽可能地具体化，以便拟订有效方案，选择合适的媒体，以及测定广告效果。

关键点提示

运用科利法制订广告目标时需要掌握以下要点：

1.科利法的原则；2.科利法的核心主题。

3.3 如何制订年度促销计划

工作场景描述

当企业在年初想对全年的促销活动进行总体规划时，可查看。

解读与分析

为了完成年度营销计划，企业必须制订年度促销计划，以便协调企业的人、财和物。企业在制订年度促销计划之前，应检讨企业的营销得失，以便改正错误，使企业在未来的一年内朝正确的方向发展。

（1）分析企业的现状及优缺点，对企业过去数年的促销状况进行回顾，根据产品种类、促销区域对促销状况进行分类分析，调查促销额、促销店铺数目以及品牌知名度等的变化情况。

（2）调查、分析与企业外部环境有关的各种情况，包括各地区人口数量的增减情况，收入水平变化情况、技术发展动态以及竞争对手的促销、宣传等动向。

（3）根据企业的现状以及企业外部环境条件，确定今后5年内应采取的经营方针。例如，应加强哪种商品的促销力度？应该把促销宣传活动的重点放在哪个区域？促销渠道的薄弱环节在哪里？

（4）参照已确定的经营方针，制订年度促销计划。

总之，只有在准确把握企业外部环境、科学确定内部经营方针的基础上，企业才能制订出合理的年度促销计划。

关键点提示

企业制订年度促销计划可以按照以下步骤实施：

1.分析企业的现状及优缺点；2.调查、分析企业的外部环境；3.确定企业今后的经营方针；4.制订年度促销计划。

3.4　如何进行促销状况分析

工作场景描述

当企业进行促销状况分析时，可查看。

解读与分析

促销的目的是说服客户购买本企业的产品，因此要对客户的需求、竞争产品的特点和本企业的实力有所了解，由此引出了需求分析、竞争分析和实力分析。

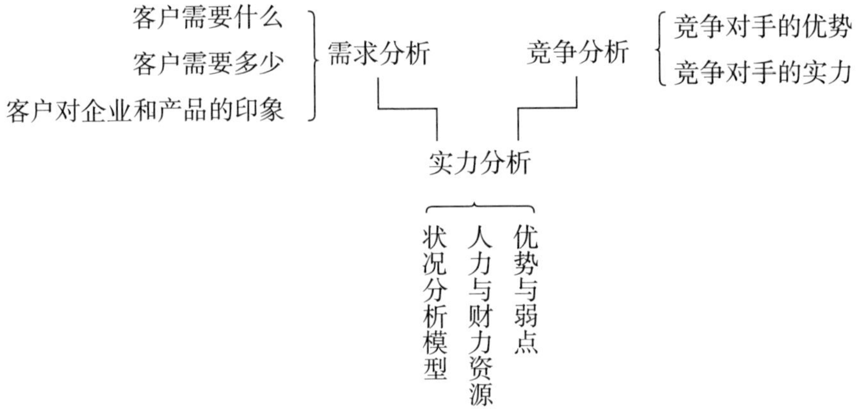

1. 需求分析

需求分析的目的主要是搞清楚客户需要什么，需要多少，客户对本企业及产品的印象如何。只有弄清楚这些情况，企业才能确定提供何种产品才能满足客户的需求。

2. 竞争分析

企业需要清楚竞争对手提供的是哪些产品，这些产品具有哪些优势，竞争对手在人力、财力以及技术方面实力如何。这些问题都应有明确的答案。

3. 实力分析

企业需要对自己的实力十分清楚，对本企业的产品优势、技术优势、资源状态以及弱点等，都应十分清楚。

总之，只有详细地掌握了以上各方面的状况，企业才能制订出有效的促销方案，促进企业产品的销售。

关键点提示

促销状况分析的内容主要涉及以下几个方面：

1.需求分析，目的在于搞清楚客户的需求；2.竞争分析，是对竞争对手的分析；3.实力分析，是对企业自身优势与弱点的分析。

3.5　如何进行促销预算

工作场景描述

当企业欲将促销计划用金额具体显示时，可查看。

解读与分析

促销预算是指企业在促销计划期内有关促销费用的预算。促销预算可将促销计划以具体金额的方式明确显示出来，这样不仅可确保计划的顺利执行，还可提供控制的基准。对整个促销预算进行控制远不如对实施过程中的各个阶段进行控制更有效。促销预算需要经过以下四个步骤。

1. 召开预备会议

企业应在一年开始时召开预备会议，开始本年度的预算工作。预备会议上，企业应总结上一年度开展的促销活动的成果，规划本年度要开展的促销活动，明确促销产品、工具和促销区域等各种促销事项。

2. 明确各个成员的职责

企业应该明确从预算、实施到控制等各个阶段的成员的职责。任何有关人员都应该清楚自己的职责。

3. 编列促销预算

促销预算的编列方法很多，主要有以下几种。

（1）促销额百分比法。这是一种应用范围最广泛的促销预算编列方法。这种编列方法以一定期限内促销额的一定比例计算促销费用总额。其又可以分为计划促销额百分比法、上年度促销额百分比法等。

（2）量入为出法。这是根据企业的财务状况来确定能支出多少促销费用，以设定促销预算的方法，适用于财力一般的企业。所谓“量入为出”，就是指企业将不可避免的投资及支出去除后再确定促销预算的具体规模。

（3）目标任务法。其以预算目标为导向，先决定预算目标，再规划达成目标的行动方案。在行动方案内，要先单独编列各种促销工具的预算，再加总，成为企业的促销总预算。

（4）竞争平衡法。这种方法根据产品的竞争对手的促销费用开支来确定本企业的促销预算，具体形式有市场份额法、竞争平位法等。市场份额也称市场占有率，是指企业产品的销售额在市场同类产品中所占的比重。市场份额有三种测算方法：总体市场份额，企业产品销售额在整个行业中所占的比重；目标市场份额，企业产品销售额在目标市场（即其所服务的市场）中所占的比重；相对市场份额，企业产品销售额与市场上最大竞争者同类产品销售额之比。竞争平位法是指将竞争对手的促销预算作为本企业的促销预算标准，以保持竞争优势。

（5）促销单位法。这种方法依照预期未来促销数量的每一个单位，提列一个固定比率的金额，作为促销预算。此法尤其适用于薄利多销的产品。

4. 进行预算控制

预算控制是指企业根据预算规定的收入与支出标准检查和监督各个部门的生产经营活动。良好的预算控制可不断提醒有关人员了解既定计划的执行状况，从而不断加强管理。良好的预算控制还可以随情况变化调整预算，并提醒人们注意随之出现的问题。预算控制可分为实施、开支和管理三种控制。

其中，开支控制是确保在预算期内所有的开支都是有据可依的。促销开支控制要求管理人员了解预算条目、促销计划以及企业的收支方法，不能机械地控制。促销管理控制要回顾与评判有关目前市场开拓的整个促销工作。要进行促销管理控制，管理人员必须调集完整的开支数据。开支数据可使管理人员了解计划的实施进度与开支情况，管理人员可据此判定资金使用是否恰当，促销成绩的好坏以及是否要对预算做出调整。

有效的促销预算控制体制要满足以下几个基本条件。

（1）确定称职人员来负责所有的开支。

（2）在计划实施之前就要估计出开支情况。

（3）在促销期内，为避免偏离预算，相关人员要定期进行开支回顾。

（4）设立标准的计划与实施程序，未经管理人员首肯，不得对其做任何更改。

总之，只有做合理的促销预算，才能保证促销活动的顺利进行，且不会造成人力、物力和财力等方面的浪费。

关键点提示

促销预算有以下四个步骤：

1.召开预备会议；2.明确各个成员的职责；3.编列促销预算；4.进行预算控制。

3.6 如何合理分配促销预算

工作场景描述

当企业希望合理分配促销预算时，可查看。

解读与分析

企业编列促销预算之后，就进入预算的分配阶段。促销预算主要按以下因素来分配。

1. 产品

按照促销产品的竞争力、特色以及利润，按比例、有侧重地在不同产品之间分配促销预算。这主要涉及企业产品结构、产品策略等各种问题。

2. 促销对象

促销涉及以下三种既定人员中的一种或几种：消费者、中间商和促销人员。企业应根据促销对象的不同，来确定预算分配。

3. 促销工具

根据市场形态、消费者购买习惯、产品价格以及各种促销工具的优缺点等各方面的因素，决定将有限的促销预算用在哪些促销工具上。

4. 促销区域

在评估各促销区域的市场潜力、购买能力等因素后，根据各促销区域的具体情况，将促销预算按不同的比例进行分配。

5. 其他因素

例如，在产品促销的旺季经常会举办促销活动，促销预算分配的比例就大；反之，淡季分配的比例就小。

总之，只有合理分配预算资金，“好钢用在刀刃上”，促销活动才能取得更好的效果。

关键点提示

促销预算主要根据以下因素进行分配：

1.产品；2.促销对象；3.促销工具；4.促销区域；5.其他因素。

3.7 如何分析促销活动费用

工作场景描述

当企业希望通过合理利用资金取得理想的促销效果时，可查看。

解读与分析

根据费用总额与促销业务量的关系，我们可以将促销费用分成变动和固定的促销费用两大类。变动促销费用是随促销业务量的变动而变动的费用；固定促销费用是不随促销业务量的变动而变动的费用，如折旧费、租金和保险费等。促销费用项目随促销方式与工具的不同而不同。

1. 优惠类促销工具的费用分析

优惠类促销既要保证企业的收益，又要给予消费者足够的优惠，以增加对消费者的吸引力。所以，此类费用须精确地计算与控制，以达到两全其美的效果。一般来说，具体的控制指标如下。

优惠折价费 = 销售量 ×（单位原售价 – 单位优惠价）

毛利润的增加程度取决于单位优惠价接近单位促销费用的程度。

单位毛利润 = 单位优惠价 – 单位促销费用

总毛利润 = 促销量 × 单位毛利润

从以上公式中可以看出，使优惠折价更能吸引消费者的关键是，控制单位促销售用。

2. 免费赠品类促销工具的费用分析

以赠品形式出现的促销费用按赠品的来源分为两种。

（1）非自产品，是企业为了开展此次促销活动专门采购的产品。将这种物品作为赠品的优点是选择面较大，而且容易满足消费者的要求，易使其接受；缺点是费用开支较大。其费用总额为：

非自产品费用总额 = 非自产品数量 × 非自产品单价

（2）自产品，将这种产品作为赠品的成本费用较低，而且在赠予促销的同时可以宣传企业的其他产品，为企业其他产品的销售打开市场，形成良性循环。其费用总额为：

自产品费用总额 = 自产品数量 × 自产品单位成本

具体来说，一项实际促销活动的预算包括三项：管理、促销（印刷费、邮寄费等）和诱因（赠品费、减价费和兑奖等费用）。

3. 付款方式优待类促销工具的费用分析

这类促销工具费用分析的重心在于资金的费用控制，主要分析资金占用时间的长短、银行的贷款利息以及这些资金的机会成本。

（1）资金占用的时间。消费者占用资金的时间越长，则对消费者越有利，企业支付的利息也就越多，潜在回款风险就越大，但是诱导性也就越强。

（2）银行利息。消费者占用资金的利息需要直接由企业承担，通常是将利息折价转移到产品的售价上，或是将利息作为费用，通过增加促销量来弥补。

费用分析的内容有：

$$利息费用总额 = 资金额 \times 利息率$$

$$毛利额 = 促销量 \times 单价 -（基本促销费用 + 利息费用总额）$$

总之，企业只有熟练统筹促销的各项费用，才能避免不必要的资金浪费，从而取得良好的预期效果。

关键点提示

促销费用随促销工具的不同而不同：

1.优惠类促销工具的费用，关键在于对单位促销费用的控制；2.免费赠品类促销工具的费用，按赠品的来源分为非自产品和自产品两种来计算；3.付款方式优待类促销工具的费用，重心在于资金的费用控制。

3.8 如何运用地理细分选择促销对象

工作场景描述

当企业需要根据地理环境因素确定促销对象时，可查看。

解读与分析

地理细分是指将市场按地理因素进行细分。地理细分法是根据消费者工作和居住的地理位置进行市场细分的方法。受地理环境、自然气候、文化传统和风俗习惯等因素的影响，同一地区人们的消费需求具有一定的相似性，而不同地区的人们有不同的消费习惯与偏好。因此，地理因素得以成为市场细分的依据，主要包括以下几个方面。

1. 地理环境

不同的地理环境有不同的市场需求。例如，我国东部沿海地区水运发达，适合船舶及其配套产品的促销；西部地区少有河流、湖泊，不适宜水路交通工具的促销。

2. 自然气候

自然气候影响人们的消费需求。例如，英国伦敦多雾，对街道及交通工具的照明设备就有特殊要求；欧洲北部地区如芬兰、挪威等地多雪，则适合滑雪设备的促销。

3. 文化传统

各地具有不同的文化传统，例如，西方人过圣诞节。要有圣诞树；中国人过中秋节，要吃月饼。

4. 风俗习惯

不同地理区域的人有不同的风俗习惯，促销时需加以考虑。

如今很多企业将其促销方案区域化，也就是说，将产品、广告、促销活动等地方化，以符合各个区域的需求。

总之，企业进行地理细分，是为了满足特定消费者的需求，以便更好地开展促销活动。

关键点提示

运用地理细分法选择促销对象，主要有以下几个方面的内容：

1.根据地理环境细分市场，选择促销对象；2.根据自然气候细分市场，选择促销对象；3.根据文化传统细分市场，选择促销对象；4.根据风俗习惯细分市场，选择促销对象。

3.9 如何根据人口细分确定促销对象

工作场景描述

当企业需要根据人口统计因素确定促销对象时，可查看。

解读与分析

人口细分是指根据各种人口统计变量，如年龄、性别、职业和收入等等，把消费者分割成不同的群体。很多企业使用人口细分法来选择特定消费群体，并针对选定的消费群体进行促销，这样就可以有的放矢。人口细分主要有以下几个方面的内容。

1. 根据年龄与生命阶段进行市场细分

消费欲望与消费能力随年龄而改变。因此，要根据不同年龄和不同生命阶段消费者购买力的不同，确定促销对象。

2. 根据性别进行市场细分

许多产品或服务如服装、理发、化妆品与杂志等，都以性别来细分市场。所以，在促销时要针对不同性别的消费者。

3. 根据收入进行市场细分

收入细分一直被应用于产品和劳务的市场营销中，例如，汽车、游艇、服装、化妆品及旅游等产品或服务。不同产品的促销应针对不同收入水平的消费者进行。

4. 根据多重人口统计变量进行市场细分

许多企业在选择促销对象时，常考虑多重人口统计变量。例如，化妆品的促销，不仅要考虑消费者的性别，还要考虑其年龄和地理区域等因素。

关键点提示

根据人口细分选择促销对象时主要从以下几方面着手：

1.根据年龄与生命阶段细分市场，选择促销对象；2.根据性别细分市场，选择促销对象；3.根据收入细分市场，选择促销对象；4.根据多重人口统计变量细分市场，选择促销对象。

3.10　如何根据市场周期选择促销对象

工作场景描述

当企业希望根据市场周期选择适当的促销对象进行促销时，可查看。

解读与分析

市场状况不同，促销对象的选择也有所不同。

1. 淡季，选择经销商（特别是一级经销商）为促销对象

当市场处于淡季时，整个行业的消费力极其低下。虽然一些企业针对消费者进行促销，以此增加消费诱因，激发消费者的消费欲望，但是此时市场太小，促销效果往往不太好。企业此时应将促销对象锁定在经销商身上，如果企业的产品能够占据经销商的流动资金和仓库，在市场回升时，自然就抢占了先机，并且给竞争企业产品的快速进入设置了壁垒，因为任何一个经销商的资金和库存都是有限的。

2. 回升期，选择批发商与零售商为促销对象

市场进入回升期后，消费潜力开始拉动。这个阶段的时间一般十分短暂，之后市场迅速进入高峰期。回升期是企业竞争最为关键的阶段，企业必须将产品置于消费者能够买到的地方。此时，只有批发商与零售商才能真正将企业的产品放上货架，摆到消费者面前。企业应将促销对象锁定为批发商和零售商，给他们更多额外的诱因，以顺利实现铺货。

3. 高峰期，促销对象锁定为消费者

企业的产品销售在市场高峰期达到顶峰，这时，企业做促销是为了提高产品销量，延长产品的旺季时间，锁定消费者做促销将给企业带来直接的促销额。

总之，促销贯穿销售的全过程，在市场周期的不同阶段选择合适的促销对象是企业促销成功的必要条件。

关键点提示

根据市场周期选择促销对象主要有以下几点内容：

1.销售淡季，选择经销商（特别是一级经销商）为促销对象；2.销售回升期，选择批发商与零售商为促销对象；3.销售高峰期，促销对象锁定为消费者。

3.11 如何从细分市场中选择促销对象

工作场景描述

当企业从细分市场中选择适合的子市场作为促销对象时，可查看。

解读与分析

企业进行市场细分之后，并非所有的细分市场都适合企业开展促销活动。企业有必要在确定目标市场之前，对细分市场进行分析评估，以选择适合的子市场进行促销。对细分市场的评估主要从以下四个方面进行。

1. 市场潜力分析

市场细分的主要依据是消费者的差异化需求，所以细分市场规模，主要由消费者的数量和购买力所决定，同时企业要考虑市场潜力是否巨大。

2. 企业自身特征分析

分析企业的资源条件和营销目标是否与细分市场的需求相吻合。如果企业在某个细分市场中的某个或某些方面缺乏必要的能力，就要放弃这个市场，因为要想在该细分市场中取得成功，就需要发挥优势，以压倒竞争对手。如果无法创造某种形式的优势地位，企业就不应该贸然进入。

3. 竞争优势分析

企业要分析在划定的细分市场中是否有强大的竞争对手。如果细分市场中的竞争对手很少，而且进入障碍不多，则对企业而言是个好机会；如果该细分市场中已有了竞争对手，但对手实力较弱，企业也可以选择该市场作为目标市场；但如果细分市场中的竞争对手实力雄厚，竞争激烈，企业进入该市场并获得发展就必须付出一定的代价。

4. 获利状况分析

细分市场应该能带给企业预期的合理利润，这样企业才可以选择其作为目标市场。如果某个细分市场中存在潜在的替代产品或此产品容易复制，则将会对企业的产品产生巨大的冲击，也会使这个细分市场失去吸引力。

企业应深入了解目前的市场状况，准确把握如消费者状况、行业环境、品牌数量以及销售额等方方面面的情况，以便从中洞察先机，探测市场机会。在同质化竞争日益激烈的今天，企业如果能洞察市场先机，抢占市场份额，就一定能取得优厚的回报。

总之，企业只有对细分市场进行认真、详细的分析评估，才能选择出正确的目标市场和促销对象。

关键点提示

从细分市场中选择促销对象主要从以下几个方面入手：

1.分析市场潜力；2.企业的资源条件和营销目标是否与细分市场的需求相吻合；3.分析在划定的细分市场中是否有强大的竞争对手；4.企业应选择能够带给企业利润的细分市场作为目标市场。

第4章

促销方案制订常见问题

促销方案往往是一个集合了多种促销方式的组合方案。企业为实现预期的促销计划应弹性运用若干促销方式。促销方式包括人员推销、广告、公共关系、销售促进（营业推广）。并且，企业应针对不同的客户使用不同的促销组合，因而实现促销方案的促销策略又可区分为推策略、拉策略和综合策略。

4.1 如何制订促销活动方案

> 工作场景描述
>
> 当企业希望制订完善的促销活动方案，以保证促销活动顺利进行时，可查看。

解读与分析

淡化促销的商业目的，使活动更接近消费者，才能打动消费者。促销活动的策划是一项系统工程，企业需要对其中的每一个环节进行一系列的策划，具体步骤如下。

1. 明确促销目标

企业应对市场现状及促销目标进行阐述：市场现状如何？开展这次活动的目的是什么？是处理库存，提升销量，还是与竞争对手竞争？是新品上市，还是提升品牌认知度及美誉度？只有目的明确，才能使活动有的放矢。

2. 指出促销对象

活动针对的是消费者、中间商还是零售商？活动控制在多大范围内？哪些人是促销的主要目标？哪些人是促销的次要目标？这些选择的正确与否会直接影响到促销的最终效果。

3. 进行促销预算

企业对促销活动的费用投入和产出应做出预算，可以运用促销额百分比法、量入为出法、目标任务法和竞争平衡法等方法做预算。

4. 选择促销工具

选择什么样的促销工具要考虑活动的目标、产品因素和企业自身因素。这一部分是促销活动方案的核心部分，企业应该力求创新，使活动具有震撼力和排他性。

5. 确定活动时间和地点

促销活动的时间和地点选择得当会令促销活动事半功倍。企业在时间选择上，要尽量让消费者有空闲时间；在地点选择上，也要方便消费者。此外，企业还要深入分析活动持续时间。持续时间过短会导致在这一时间段内无法实现重复购买，很多应获得的利益不能实现；持续时间过长，又会造成费用过高，市场形不成热度，降低品牌在客户心目中的身价。

6. 制订执行方案

执行方案可分为前期准备、中期操作和后期延续三大部分。前期准备的内容包括人员安排、物质准备和方案试验；中期操作的内容主要是活动调整和现场控制；后期延续主要涉及媒体宣传问题，即采取何种方式在哪些媒体上进行后续宣传。

7. 评估促销效果

企业要对促销活动进行效果评估，以总结经验和教训。其内容主要包括：促销前后市场占有率的比较、获利率比较等等。效果评估按时间分为三类：事前、事中和事后。

企业要想使促销活动取得成功，必须使活动具有刺激性，能刺激目标对象参与。刺激性越强，促进销售的效果越好，但这种刺激也存在边际效应，因此企业必须根据促销实践进行分析和总结，结合客观市场环境确定适当的刺激程度和相应的费用投入。

总之，制订一份有说服力和操作性强的促销活动方案，确保方案得到完美执行，才能使促销活动产生事半功倍的效果。

关键点提示

制订促销活动方案的具体步骤如下：

1.明确促销目标；2.指出促销对象；3.进行促销预算；4.选择促销工具；5.确定活动时间和地点；6.制订执行方案；7.评估促销效果。

4.2 如何根据产品属性制订促销组合

工作场景描述

当企业想为不同属性的产品制订促销组合时，可查看。

解读与分析

促销组合的运用要考虑产品的属性与特殊性。产品的属性不同，所使用的促销组合会有所不同。

1. 消费品

消费品市场包含了分散在各地的消费者；消费品通常都是“标准化的产品”，消费者在购买时很少需要服务与协助；消费者不指望有有关产品的教育或培训；促销金额很小。这些因素决定了消费品市场以广告促销为主，而在与中间商联系方面，人员促销更为有效。因而消费品的促销组合次序是：广告、销售促进、人员促销和公共关系。

某一企业运用的有效的促销组合，对另外一家企业可能毫无用处；生产类似产品、拥有相同市场的企业，运用不同的促销组合策略，也许都能取得成功。

2. 工业产品

与消费品相比，工业产品的客户数量较少，往往呈地区性的集中；工业产品通常属于技术性产品，依订单生产且在购买时需要加以服务与协助；客户需要进行产品方面的教育或培训；促销金额巨大。这些特征显示工业产品必须以人员促销为主要的促销方式，大众传播促销方式则居于次要地位。因而工业产品的促销组合次序是：人员促销、销售促进、广告和公共关系。

综上所述，广告是消费品促销中最主要的促销方式，而人员促销是工业产品促销中最主要的促销方式，销售促进和公共关系在两类市场中的重要性大致相等。

关键点提示

根据产品属性制订的促销组合有以下两种形式：

1.消费品促销组合次序：广告、销售促进、人员促销、公共关系；2.工业产品促销组合次序：人员促销、销售促进、广告、公共关系。

4.3 如何才能有效使用“推策略”

工作场景描述

当企业的产品主要依靠人员推销进行促销时，可查看。

解读与分析

“推策略”，主要强调促销通路上所有各阶段的人员推销活动，是由推销人员说明产品的各种特性与利益，以促成潜在客户做出购买决定的促销策略。“推策略”以人员推销为主，以中间商销售促进为辅。生产企业要想有效使用“推策略”，必须具备下列三个条件。

1. 要拥有高价位的产品

高价位产品是不可或缺的条件，因为中间商必须获得足够大的毛利，才能负担促销活动所需的费用。再者，推销人员的花费也很高。因此采取“推策略”的产品都是高价位的产品，同时这种产品必须利润足够大，才能够支付所需的费用。

2. 有高水准的促销技巧

为了促成销售，推销人员必须拥有高明的促销技巧，能够吸引、掌握潜在客户的注意力与兴趣。

3. 对参与人员要有激励作用

运用推销人员执行“推策略”时，必须运用适当的激励手段调动其积极性。中间商也是一样，有些产品须通过中间商才能得以顺利推广和促销，所以应设置奖励机制，鼓励批发商、零售商以及推销人员关注自己的产品，促进产品的销售。

采用“推策略”时，企业并不致力于开展广告攻势，宁可经由推销人员，通过“工厂→批发商→零售商→消费者”的路径来销售其产品。

总之，若企业生产的是工业产品，或其产品通过销售渠道能直接到达消费者手中，或其产品的价位较高，企业应以运用“推策略”为主，以促进产品的推广。

关键点提示

只有满足以下条件，才能有效运用“推策略”：

1.拥有高价位的产品；2.拥有高水准的促销技巧；3.对参与人员要有激励作用。

4.4　如何有效使用“拉策略”

工作场景描述

当企业想利用广告等大众传播媒体吸引消费者，促进产品销售时，可查看。

解读与分析

“拉策略”，是指通过创意新、投入高和规模大的广告轰炸，直接诱发消费者的购买欲望，使消费者向零售商求购，零售商向批发商求购，批发商再向制造商求购，由下至上，层层拉动购买的促销策略。

消费品比工业产品更适合运用“拉策略”。并非在任何情况下使用“拉策略”都能取得满意的效果。企业要想有效使用“拉策略”，可以从如下几方面入手。

1. 从产品生命周期角度看

在产品生命周期的成长后期或成熟阶段，企业为了开辟新的分销渠道，扩大产品销售，以对抗知名度颇高、广告运用频繁的竞争品牌时，运用“拉策略”，加强广告攻势，往往能产生奇效。

2. 从企业自身角度看

当企业目标市场范围广，企业人手不足，而且不愿建立自己的人员促销网络来促销产品时，企业应运用“拉策略”，展开广告攻势，一方面可创造消费者的需求，来吸引消费者购买产品，另一方面，可吸引中间商来经销此产品。

3. 从企业研发角度看

当企业研发出一种在同类产品中处于领先地位的新产品时，可以采用“拉策略”，一方面，创造消费者对产品的直接性需求，另一方面，创造中间商经销此新产品的选择性需求。

小规模企业很少采用“拉策略”，因为广告费用支出非常庞大，需要数额很大的投资。总之，“拉策略”较适用于人力不足而目标市场广大的企业，或未获得中间商充分支持与合作的新产品的推广活动。

关键点提示

在以下情况下运用“拉策略”最为有效：

1.在产品生命周期的成长后期或成熟阶段，运用“拉策略”可产生奇效；2.当目标市场范围广、企业人手不足时，运用“拉策略”可取得满意效果；3.当研发出领先于同类产品的新产品时，运用“拉策略”可创造消费需求。

4.5 如何决定侧重采用何种促销策略

工作场景描述

当企业综合运用推、拉策略而不知重点应放在哪里时，可查看。

解读与分析

企业在实际运作中，单独依靠“推策略”或“拉策略”中的一种策略来实现促销目的是很困难的。选择促销策略时企业要综合考虑多种因素。究竟偏重哪种策略，要视以下情况而定。

1. 促销对象

如果促销对象是最终消费者，多采用“拉策略”；如果促销对象为中间商，多采用“推策略”。

2. 产品属性

对于工业产品，侧重采用“推策略”，辅之以“拉策略”；对于消费品，则以“拉策略”为主，“推策略”为辅。

3. 市场范围

如果市场推广范围很小，只集中在几个地区或阶层，则侧重采用“推策略”，运用企业的人员推销，即可轻易达到促销目标。必要时运用少数广告媒体，如专业性杂志等，来辅助人员推销；反之，如果市场的范围很广，各地区各阶层皆有其目标消费者，则必须侧重采用“拉策略”。

4. 产品的信赖度

大多数情况下，消费者采取购买行动之前，希望企业能够证明其产品的特性或优点。因此，那些需要促销人员解说与证明其特性的产品，适用“推策略”；反之，则适用“拉策略”。

5. 竞争策略

有关竞争对手的商业情报对于企业的兴衰成败具有举足轻重的影响。企业要通过掌握竞争对手的举动，分析对手促销策略的成败，采取相应的措施。例如，如果对手采取的促销策略是错误的，企业可置之不理；如果对手采用的策略是正确无误的，则企业可以采取相同的促销策略，争夺市场占有率。

总之，影响企业选择促销策略的因素很多，这些因素都将影响促销的成败。

关键点提示

企业开展促销活动时，侧重采用“推策略”还是“拉策略”主要参考以下几个方面：

1.促销对象是消费者时多采用“拉策略”，是中间商时多采用“推策略”；2.工业产品侧重采用“推策略”，消费品侧重采用“拉策略”；3.市场范围大，则侧重采用“拉策略”，小则侧重采用“推策略”；4.产品特性需要解说与证明，则适用“推策略”，反之，适用“拉策略”；5.根据竞争对手的促销策略，采取相应的策略。

4.6 如何根据产品的生命周期采取促销策略

工作场景描述

当企业欲使促销工具在产品生命周期的不同阶段发挥最大作用时，可查看。

解读与分析

成功的促销活动必须根据特定的市场条件来开展。促销工具分很多种，产品各时期的营销目标大不相同，如何使促销工具在产品生命周期各阶段发挥出最大的作用，日渐成为企业需要思考的新问题。

产品生命周期，是指产品从投入市场到更新换代和退出市场所经历的全过程。其包括四个时期：导入期、成长期、成熟期和衰退期。

1. 导入期

新产品上市推广时遇到的阻力主要来自消费者对新产品感到陌生和不信任。为使新产品尽快进入市场，企业除了要开展以提升知名度为目的的品牌广告或公关活动外，还要开展针对消费者或通路的促销活动，打消消费者疑虑，这是十分必要的。其间可以采用的促销方式主要有：通路激励、免费试用、附送赠品和退费优待等。

2. 成长期

产品进入成长期后，将面临激烈的竞争，因此，这一时期的促销目的主要是培养消费者的品牌忠诚度，强化消费者反复购买的欲望。这一时期主要的促销方式有：集点换物、公关赞助、联合促销和折价促销等。

3. 成熟期

产品步入成熟期后，企业应该努力使产品生命周期出现再循环的局面。此时的营销活动应以销售促进和人员促销为主，使企业获取更大的利润空间。此时的促销方式有：游戏促销、竞赛促销、抽奖促销和折价促销等。

一种产品在它生命周期的不同时期，促销诉求有着极大的差异：在产品的导入期，企业对产品的促销一定要建立在让消费者认知的基础上；在产品成长期，促销的目的是让消费者对产品和品牌认可，并且不断强化这种认可；在产品成熟期，企业促销的目的是加强消费者对产品的依赖和对品牌的忠诚度。

总之，市场竞争中充满了变数，企业应根据自身的营销环境和营销目标，结合产品所处的时期，制订相应的促销策略。

关键点提示

根据产品生命周期采取促销策略的要点如下：

1.在导入期，应以吸引消费者尝试购买为主；2.在成长期，应以培养消费者的品牌忠诚度为主；3.在成熟期，应以销售促进和人员促销为主。

4.7　如何摆脱促销的负面效应

工作场景描述

当企业陷入为保证销量而不停地开展促销活动的误区时，可查看。

解读与分析

目前，许多企业运用各种促销手段吸引消费者、促进销售，造成消费者对促销活动司空见惯，谁的促销力度大，消费者就跟谁走，以致企业为了保证销量而不停地开展促销活动，结果进入了“开展促销，销量提升；促销一停，销量即降”的恶性循环当中。企业可采取以下措施来避免这种现象。

1. 促销前要充分考虑消费者需求

促销前，企业要进行市场调查，根据消费者需求确定促销产品的品质、价格以及企业形象和价值标准。

2. 促销时奖励设置要合理

消费者能否保持对品牌的忠诚取决于他们所得到的价值。所以，企业促销时所设置的奖励应符合消费者的价值取向，并且消费者能较容易地获取奖励。

3. 促销活动要有明确的针对性

促销活动要面向忠诚的消费者，企业要充分满足最能给企业带来利益的消费者的需求，并为他们提供特殊服务，例如及时向消费者提供本企业的产品资讯或提供一些免费商品等。

4. 与其他企业合作开展促销

企业还可以与其他企业合作开展促销，以便采用一系列的促销手段，提高产品和服务的消费价值。

促销是一种暂时性、短期的刺激活动，具有随时间变化效应递减的规律；促销通常是非循环性的，投入在促销活动上的创意、时间及金钱等通常不能重复使用，否则会使消费者产生无创意、吸引力低的感觉；更重要的是，同一品牌产品不能频繁地举行促销活动，否则会导致消费者认为促销的产品是企业的滞销产品、库存产品或品质差的廉价产品，大大损害品牌形象。

总之，企业通过采用上述措施，既可吸引新的消费者，又可保持已有消费者群体的忠诚度，从而避免了“促销一停，销量即降”的现象。

关键点提示

企业可以通过采用以下措施摆脱促销的负面效应：

1.促销前要充分考虑消费者需求；2.促销时奖励设置应符合消费者的价值取向；3.企业的促销要面向最能给企业带来利益的消费者；4.与其他企业联合开展促销，以便提高产品和服务的消费价值。

4.8　如何防止促销不到位

工作场景描述

当企业要防止因促销活动进行得不到位，而使促销效果打折扣时，可查看。

解读与分析

不到位促销，是相对过度促销而言的，是指没有彻底进行，效果因缺乏激发和延续而被削减的促销活动。这主要体现在促销对象的覆盖面、促销活动的影响力及时间长短等方面。在企业的实际促销活动中，有许多开展得不到位的促销。企业要想杜绝这种现象，首先要了解其成因，然后才能找到解决问题的办法。

1. 促销不到位的成因

（1）促销活动设计者对促销实效缺乏清晰的认识。比如，企业不知道“淡季做市场，旺季做销量”的道理；企业不知道在产品生命周期的不同阶段，其促销目的也是有差异的。企业可采取风险捆绑的方式，使非促销对象的促销受益者承担相应的责任，促使渠道成员跟随企业一起行动。

（2）销售渠道各环节成员参与促销活动的积极性不够，企业缺乏积极的支持，主要体现在如下几个方面。

①铺货不到位。铺货上架率是影响企业市场份额的一个直接因素，但由于企业与中间商之间在沟通上存在着种种问题，故铺货不到位这种现象经常发生。

②卖场布置未得到有效重视。有关调研结果显示，有近三成的消费者是在终端卖场获得某些产品信息的。但是，促销信息在卖场的有效传达一直是许多企业所忽视的，或没有在分销商处受到有效的重视与支持。

③未严格按照促销计划完整执行。企业的销售部门与渠道成员常因各自的利益而发生冲突，导致促销过程中不互相支持、配合，使促销不能按预定计划执行。

（3）宣传力度不够。促销宣传未有效达到所需要达到的人群，没有使绝大多数目标对象知晓促销活动。

（4）促销活动看似已经停止，其实还有“低投入取得大效果”的操作空间。

2. 解决办法

（1）调动各种力量，积极配合性促销。企业内部各部门、销售渠道各成员，都是配合促销的力量。只有他们以实际行动参与进来了，促销活动才更容易产生“众人拾柴火焰高”的效果。

（2）结合实际情况，考虑细节性因素。促销需要视实际的消费市场及其竞争状况来进行具体规划设计，其间又包括了更多的细节性因素。都有哪些因素？哪些因素最容易影响到促销效果？为了防止它们危及促销，又该采取什么样的措施来预防？这些都是企业需要慎重考虑的问题。

（3）加强过程监管，管理体系不要粗放。在管理体系中，企业要增加有关遵守促销政策以及按促销计划执行情况进行奖惩的规定，并贯彻执行；企业要善于利用相关工具和机构掌控促销危机，如广告及促销效果监测机构；企业要强化走动管理，企业的相关部门及人员应减少遥控行为；对一些较为重大的促销活动，企业可直接跨过中间渠道执行，以减少容易出现问题的环节。

（4）检查促销活动是否存在盲点。

①促销对象上的盲点。企业通过审视促销活动方案，检查是否会有一些促销对象难以覆盖和影响到？会对促销效果产生多大的影响？是否有必要调整活动方案？又该怎样调整？

②促使促销效果得到更大激发和延续的相关举措上的盲点。这主要包括：促销场所与时机是否搭配？促销活动的设计与执行是否有遗漏？给促销对象的额外利益是否具有实用性的特点？

综上所述，企业只有清楚促销不到位的成因，才能对症下药，采用相应的预防措施和解决办法。

关键点提示

防止促销不到位的要点如下：

1.搞清楚促销不到位的成因；2.采取相应的解决办法。

4.9　如何做好促销的宣传告知活动

工作场景描述

当企业希望通过促销活动的前期宣传工作来加强促销效果时，可查看。

解读与分析

企业要想使促销活动获得预期的效果，向目标受众进行有效的、多方面的宣传告知是必不可少的。目标受众，是指企业宣传的对象，可能是潜在消费者，也可能是目前已有的消费者。企业要想做好促销的宣传告知活动，须把控好以下几方面。

1. 获得企业内部的协助

在企业内部进行全体动员，加强员工的忧患意识，加强内部联系，承办部门要做好与其他部门尤其是业务部门的协调工作。

2. 寻求中间商的密切配合

把中间商作为促销活动的一个环节，邀请中间商参与拟订实施草案；帮助中间商解决所遇到的困难，例如，对中间商的促销人员进行专业培训，调派业务员支援中间商等。这些措施都会使中间商对企业产生信赖并增强其对自身销售能力的信心，进而促使其在促销活动中积极与企业配合行动。

3. 运用有效的媒体进行宣传

消费者是产品的最终购买者，因此选择合适的媒体，制作精彩的广告，对目标受众进行有效的宣传，是整个宣传告知活动的重中之重。

综上所述，只有做好企业、中间商、消费者各个环节的宣传告知工作，才能做好促销的宣传告知活动。

关键点提示

做好促销的宣传告知活动主要从以下几个方面着手：

1.获得企业内部的协助；2.寻求中间商的密切配合；3.运用有效的媒体进行宣传。

4.10 如何进行广告媒体决策

工作场景描述

当企业不知选择何种媒体及媒体组合进行促销宣传时，可查看。

解读与分析

媒体是指交流、传播信息的工具。大众媒体包括网络媒体、报纸、电视、广播、直邮、公告牌、招贴画、杂志等。

广告媒体决策的目标是选择成本效益最佳的媒体，以最经济的广告支出实现最佳的广告传播效果，即结合产品信息、广告预算多寡与目标市场顾客特性等因素，最经济有效地利用广告时段或空间开展广告传播。符合促销条件的广告媒体有很多种，企业要想选择合适的媒体及媒体组合，必须先对不同的媒体进行比较和分析，然后才能决定采用哪种媒体及媒体组合。媒体选择不当，不仅事倍功半，而且会错失良机。

1. 主要的促销广告媒体比较

（1）印刷媒体：报纸和杂志。

①报纸具有新闻性、可读性、知识性、指导性和记录性“五性”显著的特点，具有覆盖面广，读者稳定，传递直接，灵活迅速，可以多次传播信息，制作成本低廉等优势。其局限性是广告有效时间短。

②杂志可以利用精美图片制作广告，并且杂志的阅读有效时间长，便于长期保存，内容专业性较强，有特定的读者群。其局限性是周期较长，不利于快速传播，截稿日期比报纸早，缺乏时效性。

（2）电波媒体：电视、广播、互联网。

①电视是一种有效的动态促销手段，它灵活性强，有很高的市场覆盖率和良好的市场选择性，但总体费用很高。

②广播的成本低且能较好地影响特殊的目标市场，常被用作辅助媒体，但利用一家广播电台实现较大的覆盖面很难。

③互联网是一种新的广告媒体，它在时间和空间观念上、信息传播模式上以及客户参与程度上都发生了较大的变化。网络广告主要借助网上知名站点（如ISP或者ICP）、免费电子邮件和一些免费公开的交互站点（如新闻组、公告栏）发布企业的产品信息，对企业和产品进行宣传推广。

（3）户外媒体：一般指户外招牌和公交车广告，是一种地区性、城市化的广告媒体，具有良好的市场选择性。其最好用于简单信息的表达。

（4）其他媒体：直接邮寄（Direct Mail，简称DM）、POP（Point of Purchase）广告等。

2. 媒体选择注意事项

（1）媒体质量：企业要考虑媒体的权威性，媒体与目标受众消费行为习惯的关联性，媒体与产品品牌个性、广告创意策略等信息内容的和谐性，媒体的时效性与市场需求时间性的对应关系。

（2）组合策略：企业要决定采用单一媒体还是多种媒体组合；如果采用多种媒体组合，是按照媒体的种类还是覆盖空间的大小进行组合。

总之，只有对各种媒体进行综合分析，企业才能选择一种最有效、最合适的传播途径。

关键点提示

进行广告媒体决策的主要内容如下：

1.要进行媒体选择，必须先了解各类媒体的优缺点；2.要进行媒体选择，还需注意媒体质量和不同媒体间的搭配。

4.11 如何通过广告加强消费者对品牌的认知

工作场景描述

当企业想通过广告加强消费者对品牌的认知时，可查看。

解读与分析

以加强消费者对品牌的认知为目的的广告表现策略最常见的有两大类：一类旨在提高品牌知名度，强化消费者记忆度，使消费者对该品牌有最基本的认识和知晓；另一类旨在建立品牌形象，使消费者对品牌有更深入的认识。好的促销广告，以观众感觉为本，而不是以产品资讯为本。加强消费者的品牌认知可以从以下几个方面着手。

1. 引起消费者的注意

注意是指人们表现出的对广告及其内容的瞩目和关心，人的注意可以分为有意注意和无意注意两种。基本的策略是要使广告从其所处的环境中突出显示，让广告成为消费者接收信息的对象，使广告以外的事物成为背景。

2. 调动消费者兴趣

这可从以下四方面着手。

（1）广告信息对消费者有用或有价值。

（2）广告中的概念或观点能支持消费者的看法。

（3）广告的设计和内容对消费者具有刺激性。

（4）广告的娱乐性能给消费者带来某种享受。

3. 使消费者理解，理解才能记住

在这方面，要特别注意目标群体的接受能力和知识水平，从而采取合理的策略。在广告制作过程中要注意以下几点。

（1）要注意广告对目标群体而言难易度是否适当，广告的语言是否易于接受，广告的口号是否易于理解，广告的格调是否符合消费者的欣赏水平等。

（2）要采取适当的语调和语速，以利于目标群体接受。丘吉尔曾说过："广告充实了人类的消费能力，也创造了追求较好生活水平的欲望。它为我们及家人建立了一个改善衣食住行的目标，也促进了个人向上奋发的意志和更努力生产的动力。广告使这些极丰硕的成果同时实现。没有一种活动能有这样的神奇力量。"丘吉尔的这段话从侧面反映了广告对消费需求的引导、刺激和推动作用。

4. 增强消费者记忆

常用的广告表现策略有以下几种。

（1）通过重复加深消费者的记忆。

（2）大量采用口语、俗语等易听易记、朗朗上口的语言表现形式，达到强化品牌形象的目的。

总之，广告是传播市场产品信息的主要工具，企业可根据品牌的社会属性，利用广告将它置于特定的社会环境中，从而强化消费者的认同心理，引导消费者的品牌认知，进而达到促销目的。

关键点提示

通过广告加强消费者品牌认知的要点如下：

1.广告要引起消费者的注意；2.广告要调动消费者的兴趣；3.广告要让消费者理解，这样才能记住；4.增强消费者对广告的记忆。

4.12 如何通过广告改变消费者对品牌的态度

工作场景描述

当企业想通过广告改变消费者对促销品牌的态度时，可查看。

解读与分析

企业都希望消费者更倾向于选择自己的品牌。为达到使消费者对自己的品牌产生偏好的目的，企业在进行广告宣传可采用以下表现策略。

1. 利用美好情景增加产品品牌的附加值

在广告中将美好的情景与产品品牌结合起来，使消费者产生一种积极的、美妙的情感，从而形成对品牌的美好记忆，以促进消费者购买。

2. 运用幽默使消费者加深对品牌的关注

幽默型广告容易引起人们的注意。因此，可以把幽默和品牌名称联系在一起，以此加深消费者对品牌的关注。幽默型广告不可多次使用，因为幽默型广告在重复三次后，会很快失去效力，不再具有幽默感。

3. 通过强大的视觉冲击效果树立品牌形象

企业可采用人物形象好、亲和力强的代言人广告，或采用象征性、标志性视觉形象广告，或采用以提升形象内涵为目标的新闻性、验证性广告，通过强大的视觉冲击效果，在消费者心目中树立品牌形象。

一个人的态度会形成一种固定的思维和认知模式，不会轻易受外界事物的影响而改变，因此，企业应尽量使其产品适应消费者已有的态度，而不是试图去改变消费者的态度。

总之，企业可通过广告塑造良好的品牌形象，使之对消费者产生潜移默化的影响，从而影响消费者对品牌的态度。

关键点提示

通过广告改变消费者对品牌的态度主要有以下几种方法：

1.利用美好情景增加产品品牌的附加值；2.运用幽默使消费者加深对品牌的关注；3.通过强大的视觉冲击效果树立品牌形象。

4.13　如何通过广告影响消费者的购买行为

工作场景描述

当企业想通过广告影响消费者的购买行为时，可查看。

解读与分析

消费者的购买行为，是指消费者受消费主体思想意识和观念的支配，有目的地购买、消耗和享用各种消费对象（包括物质产品、精神产品和劳务）的活动。在微观经济学中，消费者的购买行为专指消费者购买消费品的行为。影响消费者购买行为的因素主要有：个人因素、内在心理因素和外在环境因素。

产品广告宣传的主要目标之一就是刺激消费者的购买行为。广告通常采用以下表现策略影响消费者的购买行为。

1. 引发消费者恐惧的表现策略

运用广告突出表现消费者不用该品牌的产品可能产生的损失或相应的负面影响，将恐惧作为促使消费者购买的动力。

2. 引发消费者忧虑的表现策略

利用消费者希望避免、摆脱忧虑的心理，运用各种广告形式来说明为什么会存在忧虑以及可通过购买本品牌产品来避免这种忧虑，以此来说服消费者采取购买行动。

3. 促成消费者短期购买行为的表现策略

为了促成消费者短期购买行为，广告应从制造氛围和激发欲望两个方面入手。制造氛围是指利用广告强调消费者对品牌产品功效的认知和信任，在消费者周围形成某种强烈的现场氛围，使其对产品产生迫切需要的感觉和意识，进而影响其购买行为。激发欲望是指在某种强烈的现场氛围烘托下，运用广告强化消费者对品牌的兴趣和记忆，激发消费者的购买欲望。

4. 利用价格广告和功能广告，激发消费者的实际购买行为

当消费者对产品价格敏感时，利用广告直接告诉消费者价格调整状况；当消费者对产品功能很关注时，应及时推出广告，宣传他们所需要的产品。这样能使消费者产生直接的反应，形成实际购买行为。

广告表现策略必须与广告诉求一致，为广告诉求服务。广告诉求只有通过好的表现策略才有可能得以充分展现，最大限度发挥广告影响消费者心理的作用。

总之，根据消费者不同的心理，企业可以采取相应的表现策略，影响消费者的购买行为。

关键点提示

广告影响消费者购买行为的表现策略主要有以下几种：

1.引发消费者恐惧的表现策略；2.引发消费者忧虑的表现策略；3.促成消费者短期购买行为的表现策略；4.利用价格广告和功能广告，激发消费者的实际购买行为。

4.14 如何策划 POP 广告才能取得预期促销效果

> **工作场景描述**
>
> 当企业想强化零售终端对消费者的影响力时，可查看。

解读与分析

POP广告是指在购买现场，以消费者为对象的广告形式。POP广告是一种很重要的促销工具，可以使产品获得有效的店内销售。使用POP广告的主要原因，通常是为了弥补媒体广告的不足，强化零售终端对消费者的影响力，从而促进销售。为了使POP广告的设计达到预期效果，要注意以下事项。

1. 了解零售商的需求

零售商是否希望运用POP广告促进销售，即零售商是否愿意提供展示空间？

2. 不要本末倒置

既要达到促销目的，又要兼顾制作成本，是设计POP广告的重要原则。不要仅仅为了追求广告的艺术效果而花费大量成本，结果却制作出不实用的POP广告。

3. 具备传递信息的功能

POP广告要能够提供足够的让消费者决定购买的信息，否则，只能成为花花绿绿的装饰品。

4. 要有独特的创意

由于售卖现场空间有限，且各种商品的POP广告多种多样，因此，只有那些有独特创意的POP广告才能脱颖而出，引起消费者的注意。

许多学者经过对消费者购买行为的研究，得出基本一致的结论：消费者在销售现场的购买，有2/3左右属非事先计划的随机购买，约1/3为计划性购买。而有效的POP广告，能激发消费者的随机购买行为（或称冲动购买行为），也能有效地促使计划性购买型的顾客果断决策，实现即时即地购买。

总之，POP广告能有效激发消费者的购买意愿，但切记不可过度使用，否则会适得其反，使消费者迷失方向，找不到他们想要的产品和信息。

关键点提示

策划POP广告时需注意以下事项：

1.要考虑零售商是否愿意提供展示空间；2.POP广告的设计既要达到促销目的，又要兼顾制作成本；3.POP广告要能够提供足够的让消费者决定购买的信息；4.POP广告的创意要独特。

4.15 如何利用节假日开展促销活动

工作场景描述

当企业想利用节假日这种消费高峰期开展产品促销时，可查看。

解读与分析

节假日是家人、朋友聚会的日子。其间，购物、餐饮和旅游等活动是不可缺少的，这为企业提供了无限商机。企业无论运用何种促销手段，都应尽可能地使其融于节假日气氛中。目前，企业为了争夺市场，纷纷利用节假日开展促销活动，但并不是都能成功获益。企业要想取得成功，就要做到以下几点。

1. 分析市场

精心分析市场，是取胜的基础。每个节假日到来之前，企业都要根据历史资料、市场变化、自身情况和大量的市场调研资料等进行综合分析，判断市场走势。

2. 制订促销方案

根据市场分析结果，制订整体节假日促销活动方案。在制订出方案的基础上，按计划行动，调整产品结构和经营布局，列出具体的促销活动计划，备足货源，调动人员等。

3. 突出产品特色

产品特色是指使产品区别于竞争产品的特点。一种产品可以有多种不同的特色。突出产品特色，是产品成功销售的关键。消费者进店的根本目的是购买自己需要的产品，企业无论采取什么促销方法，最根本的就是要在产品特色上做文章，例如，某大型百货公司规定自己的产品特色就是“人无我有，人有我全，人全我名，人名我优，人优我新，人新我精”。

4. 提供特色服务

特色服务引人入胜。在当今产品过剩的情况下，许多企业的产品大同小异，靠什么来吸引消费者呢？重点要在服务上做文章。针对节假日销量大可能引发一系列问题的状况，企业不仅要加大人力物力的投入，还要从服务入手，建立完善的服务机制。

5. 商企联合

商企联手，走双赢之路。假日经济对于零售商和企业两家来说都是一块大蛋糕，但要想充分享用，两家必须携手。

目前许多企业之间的竞争好像除了价格战以外别无他法，节假日时的价格战更是激烈。其实，在竞争中应尽量摒弃价格战这种低层次的竞争手法，要着眼于服务和技术上的竞争，从而提升品牌的整体形象。

总之，由于假日经济的特殊性，企业只有随机应变，使促销活动融于节日的气氛中，才能使促销获得成功。

关键点提示

企业要想成功地利用节假日开展促销活动，通常要注意以下几点：

1.精心分析市场，是取胜的基础；2.根据市场分析结果，制订节假日促销活动整体方案；3.突出产品特色，是促销成功的根本；4.提供特色服务，吸引消费者；5.商企联手，走双赢之路。

4.16 如何策划公关赞助活动

工作场景描述

当企业不知如何通过策划公关赞助活动进行促销时，可查看。

解读与分析

公关赞助是指企业通过赞助某项社会活动，借助赞助活动的良好社会效应，提升企业的品牌知名度与品牌形象，以获得社会各界广泛的关注与好感，创造有利的企业生存发展环境。

公关赞助活动是一项综合的营销活动，必须有周密的计划。企业需要及时抓住机会，甚至设法调动社会力量，创造机会。实施公关赞助活动时，企业应制订和遵循一定的基本步骤。

1. 市场调查

这主要是为了了解企业或品牌在公众心目中的形象，倾听公众对企业的意见，确认企业经营和产品存在差距与不足的根本原因，为制订或寻找合适的赞助活动提供信息依据。

2. 制订方案

这是难度最大，也是最为关键的一步，包括以下几方面。

（1）确定目标。企业必须明确公关赞助活动要达到的目标，这包括：企业或品牌的知名度达到什么程度？企业的美誉度提升多少？消费者对企业的态度改变多少？引起多少消费者购买及重复购买品牌商品？

（2）选择方案。企业要根据与目标对象的可接触性、可接受性，以及对赞助活动的弥补性来选择活动方案。

（3）制订计划。这主要考虑企业的费用承受能力、自身的人力资源状况以及进度的控制能力。

3. 执行实施

（1）统筹全局。由于赞助活动所包含项目的多样化和多向性，企业应避免在实施过程中出现因过分重视某一项目或某一方面而忽略整体目标的倾向。

（2）掌握进度。在活动进展中，企业应随时注意人力、物力和财力等方面的协调，避免出现工作脱节，保证各方面工作按计划平衡发展。

（3）调整计划。企业应根据活动的进展状况，随时检查和调整计划。

4. 效果评估

检查原定的活动目标是否达到，活动所用费用、人员和时间是否与原计划基本相符，以及传播媒介在此次活动中的影响力。

社会文化及人们的审美情趣，都直接影响着消费者的消费水平和消费倾向，因此，企业是否建立起了商业文化意识对于产品促销而言显得非常重要。

总之，公关赞助活动是一项需认真策划、严密执行的营销活动。企业需要在活动实施时，建立系统的监控制度，以掌握活动的进度及各个阶段分目标的达成状况，并随时予以修正与完善。

关键点提示

策划公关赞助活动需要遵循以下步骤：

1.做好调查研究，为寻找合适的赞助项目提供信息依据；2.制订赞助活动方案，这是难度最大，也是最为关键的一步；3.执行实施，要统筹全局，把握进度，及时调整；4.效果评估，要全面、准确。

4.17　如何利用体育赞助进行促销宣传

工作场景描述

当企业想选择利用体育赞助进行促销宣传时，可查看。

解读与分析

体育赞助就是企业借助赞助、冠名等手段，通过所赞助、冠名的体育活动来推广自己的品牌。如今，体育赛事已经成为人们现代生活中必不可少的一部分，每逢重大体育赛事举行，总是有很多观众前来观看，是企业实施促销活动的大好时机。企业实施体育赞助的形式有以下几种。

1. 媒体节目（栏目）赞助

企业冠名播出体育比赛的电视转播或点评节目，或在节目中将大幅的品牌标识设置为背景，使消费者反复触及产品品牌。

2. 球队赞助

企业可运用赞助球队方式，使企业形象、品牌名称随着赛事的进展而印在消费者的脑海中。

3. 赛事赞助

各种体育赛事都有其赞助商，企业可通过赞助赛事，使自己的品牌在赛事中得到宣传。

借助体育赛事促销的关键是要将体育比赛与促销活动二者有机结合，否则促销的效果就要大打折扣了。

总之，体育赞助作为一种新兴的促销手段，正受到国内众多企业的重视。

关键点提示

利用体育赞助进行促销宣传的主要形式有：

1.利用媒体节目（栏目）赞助，进行品牌宣传；2.利用球队赞助，进行品牌宣传；3.利用赛事赞助，进行品牌宣传。

4.18　如何运用公益赞助进行促销宣传

工作场景描述

当企业想选择利用公益赞助进行促销宣传时，可查看。

解读与分析

企业对公益活动进行赞助，有利于企业的促销宣传。促销产品与公益赞助对象之间具有相关性，促销效果会更好。

1. 利用公益赞助树立品牌形象，提升品牌知名度

公益活动本身就具有一定的公众关注度，是政府予以支持、公众普遍关心的事项。企业参与其中并予以资助，自然能够借助于它的光环效应来提升自我形象。

2. 利用公益赞助，使企业与政府或社会团体间建立更加密切的关系

企业在社会中开展商业活动，很大程度上会受到政治、文化环境的影响，企业的生存以及一切市场行为都将受到政府、社会团体的指导和制约。企业通过赞助社会公益事业，将极大可能地被政府或社会团体所认可，创造有利于企业生存的社会环境。而这种良好的局面是纯粹的商业行为所不能创造出来的。

3. 利用公益赞助进行品牌宣传

万众瞩目的热点活动能制造出许多商业机会，企业借助公益赞助开展的品牌促销活动较易被消费者接受，赞助活动特有的气氛能激发消费者的消费意识，使其形成选择偏好。因此，企业不仅可以借助公益赞助树立品牌形象，还可以将赞助活动与促销有机结合，使企业在较长的一段时间内名利双收。

企业赞助公益活动，可以体现出企业关心社会、关心人类的良好形象，以情感人，塑造品牌亲和力。

总之，通过开展公益赞助活动，企业可以在消费者心目中树立良好的形象，赢得良好的口碑，提高品牌的知名度，形成良好的营销氛围。

关键点提示

运用公益赞助进行促销宣传的主要好处有：

1.利用公益赞助树立品牌形象，提升品牌知名度；2.利用公益赞助，使企业与政府或社会团体间建立更加密切的关系；3.利用公益赞助进行品牌宣传。

4.19 如何制订针对感性消费者的广告策略

工作场景描述

当企业想制订针对重视个性满足与精神愉悦的消费者的广告策略时，可查看。

解读与分析

感性消费是当今社会消费的一大趋势。日趋复杂的市场越来越要求我们重视消费者的需求，随着社会生产力的迅速发展，物质财富的大量增加，消费者的需求水平也在不断提高。消费者的消费活动影响和制约着企业的整个营销活动，因而也关系到整个社会经济运行的效率。

1. 感性消费的特点

感性消费的一个显著特征是，在消费行为发生以前，消费者要求产品能成为满足其情感寄托、个性展示等感性需要的道具。所以，感性消费的产品是感性产品。

在感性消费行为中，有很多偶然因素发挥着重要的作用。偶然因素有推销员、街头售货员、店员等因素，也有零售商的位置和产品的陈列等因素。这些因素对于推动消费者采取最后的购买行为，将会发挥重要的作用，特别是在消费者购买欲并不强烈的时候，某种偶然因素刺激消费者出现购买行为的可能性会变得很大。

在感性消费行为发生以后，其消费过程并不像理性消费那样，随着产品的消亡而完成消费过程。感性消费也许早在产品消亡之前，消费过程就已经终止。

一般认为，消费者的消费形态分为两种：感性消费和理性消费。感性消费与理性消费是相对立的，它注重的不是产品本身，而是精神层次，消费者重视“情绪价值”胜过“机能价值”。也就是说，消费者更加重视附着在产品上具有象征性的、意义性的和符号性的成分，更加重视个性的满足与精神的愉悦。

2. 针对感性消费者的广告策略

（1）充分研究消费者，弄清楚消费者的心理需求和真正的喜好，这是在感性消费时代生产企业和营销商开展一切市场活动的基础。

（2）在产品方面，要根据市场细分原理，掌握不同消费者的不同心理需求，针对消费者不同的心理需求进行分门别类的感性设计。

（3）要树立诱导消费者消费的观念，通过引导消费者的消费需求来创造市场。

（4）针对感性消费的广告诉求内容如下。

①感性消费的广告诉求对象都是感性的人，冲动消费的主体是女性消费者，特别是年轻的女性，流行消费的主体是年轻的一代。因此，在广告诉求中，应注意充分表达他们的心理特征和情感要求，采取他们所喜欢的诉求方式。

②广告的诉求重点应该放在该产品所包含的情感以及对情感的表达上。诉求重点不是要找出其表面需求，而是要找到其内在的真正需求。

③在广告诉求方法上，针对感性消费者的广告应该较多地采取感性诉求策略，这样会给消费者带来某种积极的心理感受和心理暗示，更容易唤起消费者的认同和好感。

总之，感性消费已经成为社会消费活动的一种趋势，并会对当今的市场营销造成深远的影响。

关键点提示

制订针对感性消费者的广告策略时要掌握以下两点：

1.了解感性消费的特点有助于广告策略的制订；2.制订广告策略时要考虑消费者、产品以及诉求方式等因素。

第5章

销售渠道上促销活动开展常见问题

产品在从生产企业经过经销代理商、批发商和零售商，最终到达消费者手中的过程中，得到中间商的支持越多，产品到达终端消费者手中的机会也越多。随着中间商对销售渠道控制能力的增强，现在不少企业花费在渠道上的促销费用逐步增加。因此，对中间商开展策略性的激励，与其合作，是产品成功促销的重要手段之一。

5.1　如何分析中间商

工作场景描述

当企业想分析中间商，制订产品的促销计划时，可查看。

解读与分析

所谓中间商，是指产品从生产者到消费者的过程中所要经过的中间企业。这些企业是通过购买和销售产品，转移产品的所有权获利的。

企业欲开展有效的针对中间商的销售促进，必须首先了解和掌握中间商的行为特点和购买规律。企业可从以下几个方面分析中间商。

1. 中间商的分类

按产品销售对象的不同，中间商分为批发商和零售商两类。

（1）批发商。它是指将购买的产品转售给零售商、其他批发商、制造商以及机关团体的商业组织。

（2）零售商。它是指将购买的产品直接销售给最终消费者的中间商。

2. 中间商的功能

（1）批发商有以下几个功能。

①购买功能。批发商向企业购买产品，使其生产的产品的价值得以实现，有利于企业节约销售费用，缩短生产周期。

②销售功能。批发商的最终目的是销售产品并从中获利。

③分销功能。批发商会向企业大批量购买产品，再将小批量产品转售给零售商。

④运输功能。批发商自己组织商品运输。

⑤储存功能。批发商利用仓储设备，创造时间效用，使零售商随时获得小批量的进货，从而调节市场的淡旺季。

⑥融资功能。批发商采用预定方式，减少生产企业的资金压力。零售商从批发商处

信用进货，以此减少其对经营资金的需求。

⑦承担风险功能。批发商要对其市场预测与产品的损耗、滞销和退换等承担风险。

⑧服务功能。批发商会向零售商提供相关咨询服务，向企业反馈市场动态。

（2）零售商有以下几个功能。

①服务功能。这主要是指为消费者提供物美价廉的产品、舒适的购物环境和满意的售后服务，等等。

②沟通功能。由于零售商直接面对消费者，又是生产者和批发商的代言人，因此零售商具有加强三者之间联系的沟通功能。

3. 中间商的购买特点

（1）为了获得盈利，中间商一般采取规模较大的购买行动。

（2）中间商在采购时完全从利益角度出发考虑问题和做出决策，一般比较理智，较少夹杂个人感情因素。

（3）中间商重视产品的获利能力。

（4）采购员的经验丰富。

（5）中间商注重购买时机，尽量减少风险，降低仓储、运输费用。

在市场上，中间商具有买方和卖方的双重身份。对企业而言，他们是买方，具有购买者的特征，但对消费者来讲，他们又是卖方。

4. 中间商的购买程序

在购买过程中，中间商在不同的阶段会表现出不同的特征，这给企业促销活动的开展提供了方向。中间商的购买程序如下：

制订采购计划
↓
选择订货企业
↓
订货
↓
签约
↓
收货付款

综上所述，只有了解中间商的类别、功能、购买特点和流程，才能对中间商的购买行为进行分析。当然，企业的相关促销策略也会影响中间商的购买行为。

关键点提示

对中间商的分析要掌握以下几点：

1.按产品的销售对象划分，中间商分为批发商和零售商两类；2.中间商不仅具有购买功能，还具有运输和服务等功能；3.中间商的购买是为了获利，因此具有特殊性；4.中间商的购买具有一定的程序。

5.2　如何运用折扣政策激励中间商

工作场景描述

当企业想采用降价、津贴等形式鼓励中间商购买产品时，可查看。

解读与分析

交易折扣是指生产企业以降低标价、加赠货物，以及另给一些津贴等形式鼓励中间商购买产品的促销方法。

交易折扣作为一种争取中间商的促销手段，已经被很多企业所采用，常用方式有按销售额折扣、按销售数量折扣和按季度折扣等。企业在执行时，要注意以下事项。

1. 明确交易折扣的目标

交易折扣并非在任何情况下都有效。由于中间商在选择订货企业时，通常谁给的折扣大就与谁合作，因此，交易折扣有越来越大的趋势。所以，企业要明确交易折扣要达到什么样的目标，以防止交易折扣手段的滥用。

2. 折扣政策明确化、公开化

企业应将折扣政策明确化、公开化，以使中间商为追求更大的折扣而朝着正确的方向努力，而不是将精力主要用于讨价还价和提高交涉技巧等方面。

3. 限定某种折扣的适用时间

作为促销工具，折扣手段不能无限期地使用，企业必须规定某种折扣的适用时间，以防止折扣固定化、经常化。

4. 缩小折扣比率

企业必须将折扣手段和价格政策截然分开，完完全全地将折扣视为促销的工具，并应将其限定在产品价格的一定百分比范围以内。

企业提供交易折扣的目的，是希望批发商和零售商们能够把价格减免传递给消费者，以获得更大的销售额。然而，事实往往并非如此。

总之，只有适当运用折扣政策，才能做到生产企业和中间商二者互惠互利，否则，将是两败俱伤。

关键点提示

生产企业运用折扣政策激励中间商时要做到以下几点：

1.明确交易折扣的目标；2.折扣政策明确化、公开化；3.限定某种折扣的适用时间；4.缩小折扣比率。

5.3 如何运用零售补贴激励零售商

工作场景描述

当企业想采用零售补贴鼓励零售商大量进货并积极配合促销活动时，可查看。

解读与分析

企业激励零售商积极促销的惯用手段是零售补贴，即企业为了鼓励零售商大量进货并积极配合企业的促销活动，特别给予零售商降低进货价的优待，从而促使零售商降低售价，为消费者提供实质性的优惠。但是，零售补贴不可滥用，否则将导致零售商没有补贴就拒绝进货的情况发生。

零售补贴大致可以归纳为以下两类。

1. 无条件补贴

无条件补贴，是指不对零售商做任何硬性规定，纯粹提供补贴，以促进销售。无条件补贴又可分为购买补贴、凭发票扣抵补贴、免费附赠补贴和延期付款等。

（1）购买补贴。所谓购买补贴，是指在某期间内进货即可享受折扣优待。零售商既能获得实质性的优惠，又无需对消费者降价。因此企业可以通过采用这种方法刺激零售商提前进货，达成铺货率要求，或通过降低零售价来抵制竞争者。

（2）凭发票获得补贴。零售商在进货期间可以凭进货发票获得补贴。例如，某产品原价每箱50元，在促销期间可享受每箱5元的折价补贴。某零售商进货100箱，本应付款5000元，可是凭进货发票只需付4500元。

（3）免费附赠补贴。所谓免费附赠补贴，是指企业在零售商进货达到一定数量时，加赠免费产品。此种补贴形式通常有一定的时间限制，可以激励零售商多买，促使零售商自愿降低售价，回馈消费者。

（4）延期付款。延期付款即零售商先进货，等产品卖完后再付款，是企业不计利息的一种优惠方式。这一补贴形式对季节性产品的流通特别有效。

2. 有条件补贴

有条件补贴，是指零售商需要做出某种承诺才能享受补贴。例如，企业要求零售商务必调低零售价，或将补贴部分优待给消费者。有条件补贴又可分为现金折让、广告补贴、大批展示补贴、点存货补贴和恢复库存补贴。

消费行为调查报告显示，有25%以上的消费者在产品打折或大降价时才会采取购买行为。因此，零售补贴是企业和零售商都十分重视的促销手段。

（1）现金折让。只有零售商完成事先议定的配合工作，如大量进货、增加货架陈列位置和进行显著展示等，企业才同意支付双方认同的现金折让，以回报零售商的支持。

（2）广告补贴。企业为了鼓励零售商在店内举办广告促销活动，进而稳固经销场所，常给予广告补贴。

（3）大批展示补贴。与广告补贴类似，大批展示补贴要求零售商在店内展区展示企业产品或提供特殊的货架陈列。

（4）点存货补贴。点存货补贴的目的是鼓励零售商将库房中的产品尽量陈列于店头的货架上，以减轻库存压力，增加销售量。其方式是：在促销活动开始时盘点存货量，加上进货量，活动结束时清点剩余库存，二者之间的差额就是应付补贴的销售量。

（5）恢复库存补贴。当点存货补贴促销活动结束后，企业想鼓励零售商积极进货而增加库存时，可以采用恢复库存补贴的办法。采用这种方法，企业可趁机多卖些产品，零售商则可借机以低价大量进货。

总之，零售补贴是一种极易执行且富有弹性的促销活动方式，它常常能够有效、迅速地将企业所要促销的产品转移到零售商的货架上去。

关键点提示

企业运用零售补贴手段激励零售商的方法主要有以下两大类：

1.无条件补贴，即不对零售商做硬性规定；2.有条件补贴，即零售商必须做出某种承诺，才能享受补贴。

5.4 如何策划中间商促销竞赛

工作场景描述

当企业想采用促销竞赛手段激励中间商时，可查看。

解读与分析

中间商促销竞赛，是企业为了鼓励中间商在规定的期限内完成规定的促销额等而开展的销售促进活动。

中间商促销竞赛，既有企业针对批发商和零售商开展的促销竞赛，也有批发商在零售商之间开展的促销竞赛。企业要想把自己的产品尽快地推向市场，关键在于销售渠道成员积极有效配合。促销竞赛是调动中间商促销积极性的有效方式之一。其具体步骤如下。

1. 确定促销竞赛的目标

企业实施中间商促销竞赛的主要目的在于促进产品的销售，加深中间商对企业及产品品牌的印象。在此基础上，促销竞赛的目标又可以具体细分。

2. 选择促销竞赛的形式

企业可根据不同的促销目标，采取不同的竞赛形式。促销竞赛的形式具体如下。

（1）促销量竞赛，以一定时期内中间商促销本企业产品的数量或金额为竞赛标准。

（2）陈列竞赛。中间商的陈列竞赛包括“质”的竞赛和“量”的竞赛两种。“质”的竞赛，目的在于展现中间商的陈列技术，内容包括陈列的创意和外观美感等；“量”的竞赛，目的在于提高或确保企业产品在经销商处的店铺占有率，内容主要包括陈列在货架上的产品数量等。

（3）店铺装饰竞赛。经销商利用企业提供的POP广告，或利用店内自有材料进行装饰，来增加产品在店内的视觉冲击力。

（4）促销技术竞赛，针对经销商的店员设计，主要是促销技能、技巧方面的竞赛。其目的在于加强经销商店员对产品的认识和了解。

（5）创意竞赛。在竞赛中，店员可提出产品设计等方面的创意，以及介绍产品使用方法或产品新用途方面的创意。

就短期内扩大产品销售额而言，中间商促销竞赛具有其他促销工具不可比拟的优势。它能够向中间商提供精神和物质两方面的刺激，并为中间商树立一个可横向比较的参照物。因而，促销竞赛能更有效地调动中间商的促销积极性。

3. 制订竞赛的评审标准

评审标准依竞赛形式的不同而有所不同，但必须合理、客观。

4. 奖项设置

企业对参赛中间商进行评审后，对获胜者进行奖励。奖励可以是奖金，也可以是纪念品或者某项优惠政策。

总之，企业要合理安排和设计竞赛的内容，并尽可能让更多的中间商以各种名义获奖，以达到激励中间商的效果。

关键点提示

策划中间商促销竞赛的具体步骤如下：

1.确定促销竞赛的目标；2.选择促销竞赛的形式；3.制订合理、客观的竞赛评审标准；4.设置合适的奖项。

5.5 如何调动小型零售商的积极性

工作场景描述

当小型零售商对促销产品不感兴趣时，可查看。

解读与分析

小型零售商是销售渠道中不可缺少的组成部分，具有注重眼前利益、小本经营、抗风险能力差和产品销售专业知识不足等特点。为了调动小型零售商的积极性，使其主动配合企业的促销工作，企业可从以下四个方面着手。

1. 产品合理定价

生产企业提供给小型零售商的产品价格与产品零售价间要有差价，利润空间的大小直接影响着小型零售商销售这种产品的积极性。产品定价不能光从企业或消费者的角度来考虑，还要考虑小型零售商的利润，否则将导致促销的失败。

小型零售商在决定是否销售某种产品，是否大力推销某种产品时，首先考虑的不是这种产品是不是名牌产品，质量如何，企业信誉怎样，而是销售差价的高低。因此，企业在进行产品定价时，不仅要考虑最终售价的高低，同时也要认真考虑小型零售商进价与售价的差额，要给他们留有足够的利润空间。

2.免除小型零售商的后顾之忧，减少产品滞销给他们带来的风险

小型零售商资金较少，预测市场未来变化的能力有限，经营比较谨慎，每次进货的数量少，进货的频率较高，对新上市的产品或本店未曾销售过的产品往往持怀疑态度。企业可采取适当措施打消小型零售商的顾虑，调动他们的销售积极性，例如：采取产品代销方式；承诺若促销期间产品销售表现不好，可随时调换本企业的其他畅销产品；承诺无条件退货等。

3. 建立一套针对小型零售商的销量激励机制

每个企业都会有一套销量折扣方案，不过这套方案主要是为各级经销商、大型零售商设计的，门槛很高，小型零售商无法在短期促销活动中享受到这样的销量折扣。企业应针对小型零售商制订门槛适宜的销量折扣政策，让他们有机会尝到甜头，从而调动小型零售商销售某种产品的积极性。

4. 合理配置市场促销人员，加强对小型零售商的销售指导

促销人员代表着企业和产品的形象，必须具备一定的基本条件，如良好的敬业精神、观察能力、服务态度和说服能力等。除此之外，针对小型零售商的特点，企业宜选派年长、富有经验的促销人员，他们容易赢得小型零售商的信任，为小型零售商所接受。促销人员不仅要说服小型零售商购销本企业的产品，还应当富有技巧地指导小型零售商开展销售工作。这包括产品卖点、促销技巧、陈列展示方法的介绍，POP广告的支持和意见处理反馈等工作内容。

综上所述，为了调动小型零售商的积极性，企业要给予他们足够的利润空间、充分的信心和恰当的指导。只有这样，才能顺利完成促销活动。

关键点提示

促销活动中，企业可从以下几方面调动小型零售商的积极性：

1.产品定价要考虑小型零售商的利润；2.免除小型零售商的后顾之忧，减少产品滞销给他们带来的风险；3.建立一套针对小型零售商的销量激励机制；4.合理配置市场促销人员，加强对小型零售商的销售指导。

5.6 如何选择联合促销的合作伙伴

工作场景描述

当企业想寻找合作伙伴，联合采取促销策略时，可查看。

解读与分析

联合促销是指一种由两家或两家以上的企业在互惠互利的基础上，共同运用某一种或几种促销手段开展促销活动，以在竞争激烈的市场环境中优势互补、减少冲突和降低消耗，最大限度地利用销售资源为企业赢得更大利益而设计的促销形式。

联合促销按合作伙伴划分，可分为不同行业间的纵向联合促销、与经销商的横向联合促销、与同行业其他企业的纵向联合促销三类。

在市场空间紧缩和企业利润难以保证的双重压力下，许多企业希望通过企业间的合作，实施联合促销，达到双赢或多赢的目的。但是多数企业由于合作伙伴选择不当，导致促销失败。下面介绍选择合作伙伴时必须遵守的原则。

1. 目标市场相同或相近原则

联合促销的各方要有相同或相近的目标市场，这样才能用较少的成本取得较好的效果，产生增加销量的互补效应。若选择的合作伙伴是经销商或同行业其他企业，则目标市场一致性的程度更高。目标市场相同或相近原则是选择合作伙伴的基本原则。

2. 互惠原则

联合促销是在对促销各方都有利的基础上进行的。企业进行联合促销，就是为了获得单独促销无法获得的效果。联合促销的各方都拓宽了各自的客源市场，在获利的同时还树立了良好的合作形象。

3. 形象一致原则

企业选择联合促销的合作伙伴时一定要考虑市场形象一致性的问题。受目标市场欢迎的市场形象是企业最为重要的战略资源之一。一旦合作伙伴选择不当，很有可能损毁自身原有的形象，且达不到预想的促销效果。选择一个拥有良好市场形象的合作伙伴，有助于企业自身良好市场形象的树立。

综上所述，只要按上述原则选择合作伙伴，联合促销就能达到企业单独促销所无法达到的效果。

关键点提示

在联合促销时，选择合作伙伴需要遵循以下原则：

1.联合促销的各方要有相同或相近的目标市场；2.联合促销要在对促销各方都有利的基础上进行；3.选择联合促销的合作伙伴时一定要考虑市场形象的一致性问题。

5.7　如何帮助零售商刺激消费者消费

工作场景描述

当企业需要协助零售商进行产品促销时，可查看。

解读与分析

促销业绩的增长离不开企业与中间商之间的精诚合作。企业与零售商合作时，应该参与到零售商的一系列经营活动中，与零售商共同面对市场，协助其寻找调动消费者购买积极性的手段。企业对零售商的协助主要有以下几方面。

（1）向零售商灌输产品知识，对其进行产品知识教育，提高其对产品特性的认识。

（2）对零售商进行业务培训，提高他们的促销能力。

（3）指导零售商改善产品管理方法。

（4）协助零售商改善消费者管理。

（5）支援零售商制作和发送广告宣传单、海报或DM，分担其费用。

（6）支援零售商制作店铺的招牌、标示牌、POP广告、展示卡、活动广告以及开设展示窗、陈列室等。

（7）为零售商店内的装潢布置、商品陈列提供技术指导。

（8）协助零售商举办免费品尝或试用等活动。

企业根据市场需求开发产品，零售商往往对企业产品的特点及其给消费者带来的利益缺乏了解。因此，企业必须充当零售商的营销顾问，提高零售商对产品特性的认识，帮助零售商合理定价、促销以及设计产品的陈列方案。

总之，只有企业与零售商通力协作，才能够有效地激发消费者的购买欲望。

关键点提示

企业帮助零售商刺激消费者消费主要从以下几方面入手：

1.提高零售商对产品特性的认识；2.指导零售商改善产品管理方法和消费者管理；3.支援零售商制作和发送广告宣传单、海报或DM；4.为店内装潢布置、商品陈列提供技术指导；5.协助零售商举办免费品尝或试用等活动。

5.8 如何通过样品赠送进行新产品促销

工作场景描述

当企业想选择以赠送样品的方式促销新产品时，可查看。

解读与分析

样品赠送是许多企业在新产品进入市场时最常使用的一种促销方式，它可以激发消费者的消费兴趣，提高消费者尝试购买的意愿。

1. 赠送对象的选择

根据企业需要，可按赠品的消费群体指定赠送对象，亦可全面发送。

2. 赠送时机的选择

通常在新产品上市广告发布前四至六个星期，优先举办样品赠送促销活动，这样不仅能够有效激发消费者的消费兴趣，还能提高其尝试购买的意愿。

3. 制订赠品规格

赠品的规格通常以消费者够用为原则。

4. 赠送方式的选择

赠送方式受产品尺寸大小、包装和材质等各种因素的影响，常采用的几种赠送方式如下。

（1）逐户发送：将样品以专人发送方式送到消费者家中，通常委托专业的样品促销服务公司执行。这种方式仅适用于都市地区等人口密度较高的区域。当控制样品发送的地区显得非常重要时，常采用此方式，但往往费用很高。

（2）定点发送及展示：通常选用的地点是购物中心、重要街口、火车站或其他人员聚集的公共场所，在将样品发送给消费者的同时告知产品有关销售信息，以广为宣传。这种方式直接将样品送到消费者手中，费用低，又能有效吸引更多的消费者购买。若搭配优惠券或其他购买奖励，效果自然更佳。这种方式适用于各类产品。

（3）直接邮寄：利用邮寄方式，将样品直接寄到潜在消费者手中。这种方式适用于小型、质轻并且不易毁坏的产品。

（4）联合或筛选发送：专业的营销服务公司视个别精选的消费阶层的需要，将相关产品集成一个样品袋送给消费者。这种方式一般针对新娘、新手妈妈或其他特定的族群。

（5）零售商发送：零售商发送试用样品，已经成为一种重要的促销方式。这种方式比较流行，尤其是对于食品类的产品。

（6）以附赠方式发送：选择非竞争性产品，附送免费样品，此时该样品常被视为此产品的赠品。由于费用低，这种方式常常被广泛采用，但效果不佳。

（7）凭优惠券兑换：消费者凭优惠券，可到零售商处兑换免费样品，或是将优惠券寄给企业换取样品。由于只有对产品感兴趣的消费者才会兑换，因此当样品的赠送群体具有针对性时，可采用这种方式。

（8）媒体发送：经由大众媒体，特别是借助报纸、杂志，将免费样品转送给消费者。这种方式适用于体积小而薄的样品，但成本较高，且效果不佳。

5. 费用预算

由于样品赠送促销范围广，变动快，精确的成本核算很难。不同的赠送方式有不同的费用项目，在实际开展赠送活动时可能发生的费用项目如下。

（1）样品费。

（2）邮资或发送费。

（3）广告费以及其他促销辅助物的费用。

（4）样品包装费。

（5）优惠券兑换处理费。

6. 样品赠送原则

只有当产品货源充足、卖点足够时，才可举办样品赠送活动。样品赠送原则如下。

（1）产品单价低，因而样品成本不会很高。

（2）产品可以分割，这意味着它们可以被分成规格很小的样品。

（3）购买周期短，消费者将立即购买或在下次购买之前不会忘记这一产品。

综上所述，策划样品赠送活动时应充分考虑赠送对象、赠送时机、赠送方式以及费用预算等各个方面的因素，以求做到事半功倍。

关键点提示

在新产品进入市场时，通过样品赠送进行新产品促销的注意事项如下：

1.选择赠送对象；2.确定赠送时机，在新产品上市广告发布前四至六个星期内赠送，效果最佳；3.制订赠品规格，以消费者够用为原则；4.选择赠送方式，赠送方式多种多样；5.赠送费用预算，由于不确定因素太多，只能粗略估算。

5.9　如何进行包装促销

工作场景描述

当企业欲借助特殊包装在零售商的陈列架上突出自己的产品时，可查看。

解读与分析

企业进行包装促销的主要目的，是希望借助特殊的包装在零售商的陈列架上醒目地突出自己的产品，激发消费者的购买欲望，特别是相互竞争的产品差异不大时，效果更为显著。包装促销的具体运用方式如下。

1. 包装内赠送

将赠品放在产品包装内，即包装内赠送。赠品一般为体积小、价位低的产品。选择相关产品作为赠品，能增加主产品的销售量，例如，买咖啡送咖啡杯等。另外，一定要保证赠品质量。企业选择赠品时，别忘了流行趋势，要跟着时尚走，尤其是年轻人的喜好动向。

2. 包装上赠送

将赠品附在产品上或产品包装上，即包装上赠送。与包装内赠送的道理一样，选择相关产品作为赠品，效果往往更佳。企业还应注意赠品的体积与外形，避免造成陈列上的困难。

3. 包装外赠送

此类赠品通常不与产品包装在一起。因此，企业在选择赠品时没有体积的限制，只要深具吸引力即可。赠品选择的空间大。

4. 赠送可利用包装

可利用包装是指产品用完后，可用来储藏其他东西的产品包装。此类包装一定要新颖、实用，只有这样，才能收到很好的促销效果。

产品包装无论如何变化，都是为了更好地服务于营销，其核心是对产品售卖有益。只有这样，有目的地变换包装才会取得更好的促销效果。

关键点提示

包装促销的具体运用方式如下：

1.包装内赠送；2.包装上赠送；3.包装外赠送；4.赠送可利用包装。

5.10 如何通过集点优待激励消费者

工作场景描述

当企业想利用集点优待方式激励消费者连续购买时，可查看。

解读与分析

集点优待是一种成本低、活动持续时间较长的促销方式，在促成消费者再次购买产品和保护现有消费者免受竞争品牌的干扰两个方面极有成效。集点优待也是一种先消费后获赠的促销方式。其基本形式就是：消费者需收集产品的购买凭证，达到一定数量后即可换取不同的奖励，奖品可以是现金，也可以是礼品，或是下一次购买时的折扣优惠券等。为充分发挥集点优待的优势，企业须把握以下要素。

1. 活动的时间

活动时间不宜过短，应确保消费者有足够的时间来收集更多的购物凭证。但时间也不能太长，以免消费者没有购买压力，企业达不到促销的目的。对于限定时间的集点优待，企业要注意事先做好宣传工作。

2. 奖励什么

集点优待的奖励可以是现金、礼品或优惠券等。奖励要实实在在，只有这样，才能强烈吸引消费者购买产品。尤其是礼品，要实用、质量好并且美观雅致，不能将劣质的积压产品作为礼品。

3. 兑现手续

集点凭证的收集、兑现时间和兑现地点等相关事项，应充分考虑消费者的实际可操作性。一切以方便消费者为原则。

总之，集点优待的最大目的就是鼓励消费者重复购买产品，培养忠实、稳定的消费群体。由于集点优待对消费者吸引力有限，因此，强势品牌开展此活动效果较佳，但在吸引新消费者尝试或推介新产品时，效果不明显。

关键点提示

实施集点优待促销时要注意以下事项：

1.确保消费者有足够的收集时间；2.奖励要实实在在；3.兑现手续以方便消费者为原则。

5.11　如何利用退费优待吸引消费者

工作场景描述

当企业想运用退费优待方式吸引消费者购买产品时，可查看。

解读与分析

退费优待，通常是指企业在消费者购买产品以后给予其一定金额的退款的促销方式，该退款可以是产品售价的百分之几，也可以是全额退还甚至超额退还。退费优待是一种有效的促销方式，能够强烈刺激消费者连续不断地购买产品，强化消费者的品牌忠诚度，提高产品的市场占有率，在吸引消费者试用产品方面效果往往更佳。利用退费优待吸引消费者购买，需注意以下几点。

1. 退费比率

退费比率至少达到产品售价的20%，越是竞争激烈、知名度差的品牌，退费比率应越高。退费比率越高，消费者的参与度就越高。

2. 活动时间

活动时间的长短会影响到消费者的参与度。时间太短，消费者难以对活动产生兴趣；时间太长，则没有购物的紧迫感，企业就难以收到明显的促销效果。同时，还要考虑媒体宣传和促销产品的出货速度。

3. 运作方式

（1）单一购买新产品，即可享受退费优待。这种方式较适合单价较高的消费品。

（2）多次购买同一款新产品，才可享受退费优待。这种方式适用于单价较低、使用周期短并且购买频率较高的日用消费品，可以鼓励消费者重复购买产品，培养消费者的品牌忠诚度。

（3）购买同一企业的多种产品，才可享受退费优待。这种方式适用于目标消费群体一致，且不会互相替代的产品。企业可用此种方式推广新产品或借畅销品带动销售不畅的产品的销售，增加消费者的尝试机会。

（4）联合退费优待。企业与零售商或几个企业联合举办退费优待，可节省投资费用，增加退费金额，并且能吸引更多的消费者购买产品。

（5）升级式退费优待。随着消费者购买量的增加，退费比率逐渐提高，消费者买得越多，所享受的退费比率越高。因此，这种方法主要用于刺激消费者增加购买量。这种方式适用于单价较低、使用周期短并且购买频率较高的日用消费品。

退费优待对消费者即刻采取行动的激发力不足。退费优待在下列产品领域实施效果最佳：一种是促销活动很少举办的产品领域，一种是促销活动或媒体广告只是间歇式且密集型举办的产品领域。

综上所述，退费优待对于吸引新的消费者，帮助新产品入市较为有效，而且无损于产品的品牌形象。

关键点提示

企业利用退费优待吸引消费者购买产品时，要注意以下几点：

1.退费比率越高，消费者的参与度就越高；2.活动时间的长短要综合考虑多方面的因素；3.不同的产品、不同的促销目标应选用不同的运作方式。

5.12　如何利用折价促销对抗竞争品牌

工作场景描述

当企业为对抗竞争品牌而进行折价促销时，可查看。

解读与分析

折价促销是指企业通过降低产品的售价，以优待消费者的方式来促进销售。折价促销适用于各种市场状况，最主要的还是用来对抗竞争品牌。其常用方式有以下几种。

1. 直接折价

利用产品标签或广告，标明“原价××元，现价××元”“×折优惠”等，让消费者一目了然地知道本品牌比竞争品牌更便宜。

2. 附加赠送

附加赠送，是指消费者每购买一定数量或金额的产品后，就按比例附加赠送同类产品，以此来吸引更多的消费者。

附加赠送广泛运用于单价较低、包装简单和使用频率较高的消费品，它一般分为外在捆扎式和内置增量式这两种。外在捆扎式是指将相同的数个产品捆扎在一起，以优惠价出售。内置增量式是指在同一包装内采取加量不加价的方式刺激消费者更多地购买产品。与竞争品牌相比，这两种方式都可以让消费者花同样的钱，买到更多的产品。

3. 套餐式折扣

套餐式折扣，是指消费者如果集中购买企业预先配置好的产品，将会给予其一定的折扣优惠。这种方式适用于企业同时推介数种产品的情形。此时，相对于竞争品牌的单产品折价，消费者可以折价买到多种产品。

在现实中，人们对折价促销存在一些争议。有人认为折价促销可以提高消费者对零售商产品的关注度，在促进销售方面极为有效，它对短期销量的提高具有立竿见影的效果，因此常被企业作为解决产品销售不畅难题的有效方法。也有一些人认为折价促销对品牌具有极大的杀伤力，对企业的利润及长期目标很可能造成负面影响。过多的打折有损企业的品牌形象。

总之，企业开展折价促销活动，能够让消费者以较低的费用买到更多的产品，以此激励消费者大量购买本企业的产品，进而抵制竞争品牌的推广活动。

关键点提示

折价促销的常用方式有以下几种：

1.直接折价；2.附加赠送；3.套餐式折扣。

5.13 如何掌握折价促销的分寸

工作场景描述

当企业欲利用折价促销取得更大的销售成果，而又不造成负面影响时，可查看。

解读与分析

企业选择折价促销的根本目的在于增加产品的销售量。而盲目打折，会造成虚假需求，易使企业对市场产生不正确的认识。为了使折价促销活动有效，企业必须在以下几个方面恰当地把握好分寸。

1. 折价幅度

折价促销时，并非折价幅度越大越好。幅度太小，自然不能吸引消费者，然而幅度太大，企业的利润势必得不到保证。一般折扣率达到10%~20%才会更为有效。

2. 活动持续时间

由于促销初期销量增长最为明显，随着活动的持续进行，增长幅度会逐渐下降，因此一般折价促销活动时间设定为4~6周较好。

3. 宣传的设计

折价促销宣传要尽量用消费者喜欢的语句来表达，折价幅度要标示得简单、易懂和醒目。

在运用折价促销方式大力吸引消费者购买产品时，应尽量“师出有名”，如选择母亲节、国庆节、劳动节和儿童节等各种节假日，且限期促销，这样才不至于对品牌形象造成负面影响。总之，折价促销对产品短期销量的提升确有很大帮助，但运用时，应同时注意对品牌形象的维护，以免对品牌形象造成负面影响。

关键点提示

折价促销应把握好以下几个方面：

1.科学掌握折价幅度是折价促销制胜的重要条件；2.活动时间既不可过长，也不可过短；3.宣传设计要简单、明了。

5.14 如何开展有效的回寄式抽奖活动

工作场景描述

当企业想利用回寄式抽奖活动达到品牌宣传和促销的双重效果时，可查看。

解读与分析

回寄式抽奖活动，是指消费者只需要填写姓名、地址等资料，寄至指定地点，即可参加的抽奖活动，有时举办者会要求消费者附寄产品的购买凭证作为参加条件。

由于不能立即得到奖品，还要大费周折地进行回寄，因而绝大多数消费者都对回寄式抽奖活动不感兴趣。更何况有些企业为了吸引消费者参加活动，采用虚假手段，诱骗消费者，如许诺高档奖品等，从而引发一些参加此类活动的消费者的反感，反而破坏了企业的品牌形象。为了使此类抽奖活动既达到促销目的，又不损坏品牌形象，企业应遵循以下注意事项。

1. 奖品设置

选择的奖品，应能体现产品质量，突出品牌形象，迎合时尚，别具一格，吸引力强。

2. 要充分调动消费者的参与兴趣

消费者对促销活动的极大兴趣是促销成功的关键。企业可以采用多种方法充分调动消费者的兴趣：可以采用与其他促销方式（如优惠券、赠品等）组合的办法来吸引消费者；可以采用多重连环抽奖方式，给消费者中奖机会多的感觉，以此吸引消费者积极参与。企业还应确保不对外泄漏参加活动的消费者的个人资料，以免引起重视个人隐私的消费者的极大反感。

3. 活动规则要简单

活动规则要尽可能地简单明了，不要为了增强活动的趣味性而使活动规则过于复杂，活动规则最好简单到消费者只购买一件产品就可以参加活动。如果需要附寄产品的购买凭证，那么购买凭证的设计要便于消费者收集。

抽奖实际上是利用人的侥幸和追求刺激的心理，强化消费者购买某种产品的欲望。因此，在设置奖品时，一定要迎合消费者的这种心理需求。抽奖活动往往需要进行大量的媒体宣传才能取得成效。

总之，企业只有给予消费者足够的利益，借助良好的企业信誉，才能有效保证回寄式抽奖活动顺利进行。

关键点提示

开展回寄式抽奖活动时要注意以下事项：

1.奖品既能突出品牌形象，又能吸引消费者；2.利用各种方式调动消费者的兴趣，且应避免引起消费者的任何反感；3.消费者参加活动的规则要尽可能地简单明了。

5.15　如何策划有奖竞赛促销活动

工作场景描述

当企业不知如何策划有奖竞赛促销活动才能取得有效的促销成果时，可查看。

解读与分析

有奖竞赛促销，是指利用人们的好胜心，让消费者通过充分展现个人的聪明才智来赢得丰厚的奖励，以吸引消费者参加活动的一种促销方式。

有奖竞赛促销是一种行之有效的促销方式，尤其是在宣传企业品牌形象方面效果更佳。在策划有奖竞赛促销活动时，企业需要从以下几个方面着手。

1. 竞赛方式

根据企业营销目的和产品特性来设计竞赛方式。例如，如果是以品牌建设为目的，则可举行征集广告语的竞赛活动；若以品牌宣传为目的，则适宜采用简单的问答或竞猜的方式。

2. 成本预算

（1）奖品的费用。一般采用金字塔形的奖项设置方式，位于塔顶的大奖一定要极具价值感、独特性。

（2）用于广告媒体宣传的费用。有奖竞赛促销活动需要借助媒体宣传来充分调动消费者的参与兴趣，这样才能获得积极的反响。这部分的费用通常是不能够省的。

（3）其他费用，包括活动处理费、公证费和人员费用等。

3. 参赛事项

（1）产品背景资料介绍。

（2）参赛办法。

（3）竞赛和结果公布办法。

（4）奖励内容。

（5）公证事项说明。

与抽奖促销活动相比，由于有奖竞赛促销活动需要消费者凭借一定的智力与知识才能参与，不单凭借运气，因此，消费者的参与度往往要比抽奖促销活动低。

综上所述，有奖竞赛促销的目的多为通过举办竞赛活动加深消费者对产品的认识与印象。但由于此类活动对目标消费群体的针对性较差，所以在策划时应格外注意设置特定条件，以进一步增强对目标消费群体的针对性。

关键点提示

策划有奖竞赛促销活动的注意事项：

1.竞赛方式；2.成本预算；3.参赛事项。

5.16　如何通过零售商刺激消费者购买产品

工作场景描述

当想通过零售商刺激消费者购买产品时，可查看。

解读与分析

零售商是销售渠道的终端，直接面对消费者，其经营的好坏会直接影响到企业产品的销量。零售商主要从以下几方面激励消费者购买产品。

1. 确定经营方式

不同的经营方式有不同的激励消费者的策略。针对不同行业或爱好的人群，零售商可采用沙龙式的经营方式，为其提供社交场所，吸引消费者消费；地区性零售商一定要处理好和消费者之间的关系，在当地塑造良好的形象，以此吸引消费者的光顾；专卖店则应做好消费者管理工作，定期提供产品资讯，从而有效地吸引消费者光顾。总之，能否选择一种合适的经营方式是事关零售商经营成败的首要问题。

2. 引导消费者

在促销时，零售商可采用视听教育或示范表演，展示产品价值或附加值，进而改变消费者的选择，唤起消费者的购买意愿。

3. 提高服务品质

零售商应以积极、友善的态度对待消费者，针对消费者的心理，提供适时、完善的优质服务，制造出与同行之间的显著差异，以吸引更多的消费者再次购买。

4. 设计零售商形象

零售商的店面设计要明确突出经营理念，密切配合招牌或户外广告的使用，创造出自身的个性，以独特的形象来强烈吸引消费者。

零售商经营的核心在于待客之道，换句话说，就是要以积极、友善的态度，切实处理好与消费者之间的人际关系。

综上所述，零售商要想吸引回头客，就要全面地提升自身形象。

关键点提示

通过零售商刺激消费主要从以下几方面入手：

1.合适的经营方式能有效地吸引消费者光顾；2.利用视听教育或示范表演往往能很好地引导消费者购买产品；3.恰当地把握消费者心理，提供适时完善的优质服务；4.零售商的形象设计要突出经营理念，而且要有鲜明个性。

5.17 如何选择合适的赠品

工作场景描述

当企业一时难以决定选择何种产品作为赠品时，可查看。

解读与分析

附送赠品是指消费者在购买本企业产品的同时可得到的一份赠送礼品。

只有实用的、质量好的以及美观雅致的赠品才能打动消费者。在附送赠品时，如何选择合适的赠品一直是十分困扰营销者的一个难题。有人认为，3R策略是成功选择促销赠品的关键。3R策略是指相关性（Relevance）、重复性（Repetition）和获益感（Reward）。

1. 相关性

赠品须与产品相关，须符合品牌形象，须与产品的目标消费群体相关。例如，新郎、新娘购买洗衣机、彩电等大件产品时，就赠送“婚礼相册”等与新婚有关的礼品礼包。

2. 重复性

赠品可重复使用，重复出现在消费者的眼前，令消费者常常回想起品牌及其种种好处。例如，消费者一次性买40桶某品牌饮用水，赠送专用热水器。

3. 获益感

赠品虽是礼品，但它却关系到消费者的消费情绪，影响消费者下次购买的决策。因此，赠品应使消费者有获益感，使他们想获得。

附送赠品必须具备以下两点特性。

（1）消费者在购物时能立即获得回报。

（2）赠品并非产品本身，而是其他礼品。

企业遵循3R原则，一定可以找到恰当的产品作为赠品。

关键点提示

赠品的选择要遵循以下原则：

1.赠品须与产品相关；2.赠品可重复使用；3.赠品应使消费者有获益感，使人想获得。

5.18 如何使用优惠券促销

工作场景描述

当企业不知究竟应该在什么情况下使用优惠券进行促销时，可查看。

解读与分析

优惠券促销，是指以优惠券为购物凭证，消费者在下次购买时可以享受一定折扣优惠的促销方式。使用优惠券的主要目的是使消费者进一步关注产品，从而激发消费者产生强烈的购买欲望，扩大产品的销量。优惠券促销主要适用于以下几种情况。

（1）产品销售出现停滞，用来有效缓解产品销量的下降时。

（2）当竞争非常激烈，企业欲取得竞争优势，以大幅度提高产品的市场占有率时。

（3）企业要提升消费者的品牌忠诚度时。

（4）企业要引起消费者对新产品的浓厚兴趣时。

无论哪种情况，使用优惠券的最终目标都是进一步扩大产品销量。需要注意的是，优惠券不可滥用，而且要使消费者感到有价值。频繁使用优惠券会损坏企业的产品形象，造成消费者流失。

关键点提示

符合下述情况之一均可选用优惠券的促销方式：

1.用于有效缓解产品销量下降时；2.提高产品的市场占有率时；3.增强消费者的品牌忠诚度时；4.进一步增强消费者对新产品的兴趣时。

5.19 如何有效进行DM促销

工作场景描述

当企业为了进一步增强DM促销的力度，使促销效果更加显著时，可查看。

解读与分析

DM（Direct Mail）又称促销彩页，一般用于超市产品促销，通常使用邮递、夹报、人工发放和店内领取等各种形式最大限度地直接送到消费者手中。DM促销是超市最有效的促销手段。DM的内容必须含有强有力的促销诱因，以诱导消费者立即采取行动。

现在，越来越多的企业采用DM促销来大幅度地提升企业绩效，但有些企业并没有达到预期效果，因为这些企业完全不知究竟如何进行有效的DM促销。要想增强DM促销的效果，企业应注意以下几个方面。

1. 消费者资料

企业应确保有准确、最新的消费者资料，并且要从这些资料中选择与企业促销目的相符的消费者名单。在资料的整理过程中，确保邮寄对象的姓名、地址全都准确无误。

2. 文案设计

DM文案要具有强烈的无法抗拒的诱惑力，要站在消费者立场，采用简洁、明了的语言，配以迷人的精美插图，明确传达促销意图。只有这样，才能充分实现广告宣传效果。

3. 保证与承诺

给予“免费试用”“不满意全额退费”以及“赠送免费资料”“免费服务”“立即订购，享受特价优惠”等各种令消费者十分满意的承诺，消除消费者的一切疑虑，诱导消费者购买。切记，承诺一定要百分之百地兑现，不准放空炮，否则下次再用DM促销，后果不堪设想。

4. 邮寄环节

信件的大小、重量及信封的设计都要完全符合邮政法规的规定，以免造成不必要的损失。

这里，要准确区分直效营销与直接信函促销。直效营销是指针对特定的营销对象并希望获得立即反应的一种营销方式。其常用手段有电话、电视、版面广告和直接信函等。而直接信函促销只不过是直效营销的一种具体方式。

总之，企业要想增强DM促销效果，就要加强DM对消费者的吸引力。要想进一步增强DM的吸引力，就要在上述各方面严格把控、精心设计。

关键点提示

进行 DM 促销时要注意以下几方面：

1.确保有最新的、正确的客户资料；2.文案设计要具有无法抗拒的诱惑力；3.做出的承诺一定要百分之百地兑现；4.邮寄信件时要完全符合邮政法规的规定，以免造成不必要、不应有的损失。

5.20 如何利用售点展售活动达到促销目标

工作场景描述

当企业开展售点展售活动却达不到预期效果时，可查看。

解读与分析

零售现场产品琳琅满目，在给消费者多样化选择的同时，也加大了各品牌产品有效吸引消费者的难度。但是，企业仍可以采取以下措施达到促销目的。

（1）零售现场的设计须以是否有助于大幅度提升本产品和店面的销售潜力为标准。企业可以采用一些能明显增加销售量的陈列方式。

（2）售点展售的陈列点至关重要，要争取最好的陈列区。

（3）展售产品应放在消费者最容易看到、方便拿取的位置，尤其是儿童产品，更应兼顾儿童的身高因素。

（4）注意展售产品的生产日期和保质期限、产品标签的完好性；足够的展售数量，独特的广告宣传，与其他产品清楚分隔等因素，都有利于提高展售产品对消费者的吸引力。

（5）应在醒目位置摆放价格标牌，并且直接写出特价价格并标明折价幅度，这样才更能吸引消费者。

（6）在突出显示产品、增加产品吸引力的同时，还要全面考虑零售现场布局和热销产品的信息传递，更要顾及产品陈列的稳固性等。

企业知名度不高的产品，开展售点展售活动很难获得零售商的配合，除非能充分提供免费品尝服务或吸引力大的赠品。总之，企业要付出更大的代价，才能使开展售点展售活动的零售商同意配合企业展售知名度不高的产品。

总之，企业做好以上几方面工作，即使零售现场有再多的竞争产品，也能达到预期的促销效果。

关键点提示

售点展售可以通过以下措施达到促销目标：

1.零售现场的设计应以提升产品和店面的销售潜力为目标；2.售点展售要争取最好的陈列区；3.展售产品应放在消费者最容易看见并容易拿取的位置；4.有多种因素影响展售产品对消费者的吸引力；5.应在醒目位置摆放价格标牌；6.展售产品的陈列要兼顾零售现场的布局、热销产品的信息传递、产品陈列的稳固性等。

5.21　如何通过让小利达到“亏小赚大”的促销效果

工作场景描述

当企业采用薄利多销策略未能达到促销目的时，可查看。

解读与分析

相信许多人都看到过“大出血”“大甩卖”这样的广告语，但是，并不是每一个采用这种薄利多销策略的企业都能从中获利，有的甚至赔本赚吆喝。究其原因，是这些企业未把握好“亏小赚大”促销策略的运作原则。企业要想成功实施“亏小赚大”策略，需要把握以下原则。

1.“亏小赚大”成功的奥秘在于诚信

企业必须以“诚信”为基础，让利要实实在在。企业应提供与广告相符的产品和服务，而且不带任何附加条件。

2.选择消费者关注率高的产品

促销产品应是消费者关注率较高的产品，使消费者产生“晕轮效应”，而万万不可选择那些消费者消费频率不高的产品，因为这样很难产生“晕轮效应”。

晕轮效应，是指企业将一种消费者关注率较高的产品价格定低，甚至低于成本，使消费者爱屋及乌，产生此企业的各种产品价格普遍低于其他企业的整体好感，从而使企业美誉度出人意料地迅速、大幅度提高，达到消费者盈门的喜人效果。

3. 合理引导零售商，达到与零售商双赢的目的

企业要对各零售商的销售行为积极地正确引导，以免造成零售商之间的恶意竞争。其主要措施有以下几点。

（1）充分利用零售商之间的市场竞争背景，扶持与鼓励有薄利多销意愿和素质良好的零售商，与之共同设计联合促销方案，以最大限度地达到产品市场占有率和零售商营业额兼效益双赢的目的。

（2）以实物奖励代替直接价格让利，维持正常的价格体系，避免引起不愿让利的零售商的异议。

（3）对于那些期望由企业负担让利部分风险的零售商，企业必须坚持利润与销量直接挂钩的原则，做到有多大的销量，让多大的利润。

薄利多销应该贯彻“诚招天下客，誉从信中来”这一原则。即使消费者只是冲着让利产品而来，对其他产品不感兴趣，也不能失信于消费者。

总而言之，企业只有以诚信为基础，在零售商的积极配合下，低价位销售消费者关注率较高的产品，才能达到“亏小赚大”的实际效果。

关键点提示

要想达到“亏小赚大”效果，企业须遵循以下原则：

1.诚信是此类促销的根本；2.选择消费者关注率高的产品进行促销；3.合理引导零售商，达到与零售商双赢的目的。

第6章

新客户开发与维护常见问题

企业促销的主要对象为客户，客户需要促销人员去寻找、开发。促销人员平时要注意搜集各方面信息资料，对信息资料进行筛选，列出新客户名单。促销人员在接触、拜访新客户时，要注意自己的形象和交谈礼仪，尊重新客户的个性和兴趣爱好，加深彼此间的信任，与新客户建立起初步的伙伴关系。之后，促销人员还应通过电话、短信和回访等方式，与新客户保持经常性的联系，以便与新客户建立起稳定而持久的关系。

6.1　如何制订新客户开发计划

工作场景描述

当促销人员想改变新客户开发过程中的无序状况时，可查看。

解读与分析

一个细致、专业的新客户开发计划是成功促销的重要前提。企业按照以下步骤，制订新客户开发计划，将有助于促销人员在寻找和识别客户的过程中有章可循，有条不紊。

1. 明确新客户开发目标

制订新客户开发目标的依据是企业的营销计划和促销计划。促销人员要根据上级要求调整自己的客户开发目标，明确以下几点。

（1）要达到的新客户数量和质量。

（2）签多少新客户合同和后续合同。

（3）确定联系人和中介。

2. 了解新客户情况

在熟悉本企业情况的同时，促销人员还要深入了解新客户的情况。

（1）新客户所处的领域特征、现状，新客户群的分布状况、特征等。

（2）区域市场机会。

（3）新客户需求时机和购买方式，合适的拜访时间。

3. 选择联系方式

计划无小事。选择什么样的媒介和方式与新客户沟通都是前期计划中不可忽略的问题。

（1）认真比较各种联系方式，包括优点、缺点和方便程度等。如发信件虽然价廉且方便，但是需要经常发送，无法进行跟踪处理，反应较慢，且被抛弃的量也大。

（2）分析比较各种联系方式的成本和效用，力求达到成本的最小化和效用的最大化。

（3）审视企业自身的行政管理条件，判断何种方式比较适合。

4. 确定新客户开发战略

（1）选择与新客户联系的合适方式，如信件、电话、拜访等，还要看客户是否喜欢读信，是否需要快速联系客户等，以便有的放矢。

（2）编制新客户开发方案。

（3）准备产品样品、产品说明书等。

5. 正式开发新客户

（1）主要确定何时开展活动，以及如何进行控制和监督。

（2）确定活动的内容和形式，以及如何进行有效组织。

（3）安排日程（开始阶段、活动中期和结束阶段）。

（4）对活动进行控制和监督，处理意外状况。

制订新客户开发计划是件系统而又琐碎的事情。促销人员必须遵循“先思考，后行动”的理念，收起内心的浮躁和冲动，在理性认识的基础上制订出切实可行的新客户开发计划。

关键点提示

制订新客户开发计划时须明确以下几点：

1.明确新客户开发目标；2.了解新客户情况；3.选择联系方式；4.确定新客户开发战略；5.正式开发新客户。

6.2　如何搜集新客户信息

工作场景描述

当促销人员想通过灵活有效的方法更多地了解新客户情况时，可查看。

解读与分析

优秀的促销人员不仅要嘴勤、腿勤，更重要的是，要有良好的信息储备。

1. 从企业内部获取新客户信息

一般企业都有反映内部经营状况方面的资料，促销人员使用时要注意以下几点。

（1）从财务部门获取有关新客户成本、销售收入、价格和利润等方面的信息。

（2）从销售部门找新客户名单及变动、销售记录、中间商经销情况、新客户反馈意见和促销方式运用情况等。

（3）其他部门的市场调研报告，各层次、各部门的文件也是内部信息的重要来源。

2. 从企业外部获取新客户信息

企业内部信息不完全时，促销人员就要到企业外部去寻找相关资料。

要寻找相关数据资料，如报刊文章、政府文件、科技报告、市场调研报告、论文和专利、按时间顺序排列的有关重大产品或调研项目的统计资料、工商企业名录等。

3. 通过实地调查获取新客户的一手资料

企业如果具备足够的资金、专业技术和优秀的调研人员，就可以创建自己的调研部门。当然，一般情况下借助以下“外脑”进行调研也是不错的选择。

（1）市场调研公司，比如AC尼尔森、盖洛普、IDC和央视索福瑞等调研公司。

（2）广告公司。其一般设有市场调研部，兼营调研业务。

（3）经营顾问公司和咨询公司。这些企业除经营企业经营指导业务外，也承接市场调查业务。

4. 进行信息处理

企业要在认真鉴别真伪、判断可靠性和准确性的基础上，对搜集到的信息进行充分的处理，从而有利于将信息资源转变为提高销售绩效的工具。

（1）进行信息综合加工，整理出对企业当前问题有指导作用的信息。

（2）进行相关推断，从相关的社会经济现象和经济指标的发展变化中判断市场的未来发展趋向。

（3）进行对比类推，把研究目标同其他类似经济变量加以对照分析，以此判断研究目标的未来发展趋势。例如，通过研究国外家电产业的发展历程，企业就可以类推出我国家电产品市场达到饱和的时间；依国外某一产品的市场生命周期，企业可以类推出我国同类产品的市场生命周期。

（4）进行信息碰撞，把看似毫不相关的信息进行创造性的嫁接，可以产生新的信息。

对信息的搜集、处理与利用最能体现一个人的综合能力。一名成功的促销人员必须要不断学习理论，在实践中不断强化自己的技能，并将其作为一种习惯，持续不断地进行下去。

关键点提示

促销人员可以通过以下途径搜集新客户信息：

1.从企业内部获取新客户信息；2.从企业外部获取新客户信息；3.通过实地调查获取新客户的一手资料；4.进行信息处理。

6.3 如何找到新客户

工作场景描述

当促销人员想运用有效的方法迅速、准确地找到新客户时，可查看。

解读与分析

方法不是万能的，但没有方法是万万不能的。合适的方法被合适的人应用就会产生意想不到的效果。因此，要想成功开展促销活动，促销人员就要认真地把握以下几种寻找新客户的方法。

1. 逐户寻访法

逐户寻访法又叫普访法、卷地毯式访问法，指促销人员在对促销对象不熟悉的情况下，直接走访某一特定地区或者某一特定职业的所有个人或组织，以寻找新客户的方法。促销人员运用此方法时要把握两点。首先，确定一个合适的访问范围，即选择合适的“地毯”。促销人员要根据产品属性和用途，进行必要的促销区域的可行性研究，确定较为可行的促销地区或促销对象的范围；其次，要在总结经验的基础上多设计几种谈话的方案和策略，减少被新客户拒之门外的可能性。

采用此方法时，促销人员要尽量多渠道打听新客户的信息，提高访问对象的针对性，避免逐户访问的盲目性。

2. 链式引荐法

链式引荐法也叫无限连锁介绍法，指促销人员在访问现有客户时，请求其推荐可能购买同种产品的新客户，以建立一条无限扩展的链条的方法。

促销人员首先要判断自己企业的产品是否适用此法。此法特别适用于一些无形产品的促销，如旅游、保险、金融和教育产品等。促销人员要努力获得第一个推荐人的信任，同时要考虑推荐人的名望和声誉。推荐人的名望和声誉将极大影响促销人员的客户拜访结果。尽量让客户通过写信、寄卡片、打电话的方式，或者在公共场合推荐新客户，以增加接近新客户的机会。促销人员见到被推荐的新客户时要提及推荐客户的姓名，并赞扬被推荐的新客户，以此拉近彼此间的距离，同时要做好新客户的评估工作。

3. 核心人物协助法

核心人物协助法也叫“中心开花法”，指促销人员在某一特定的促销范围内发掘出一批具有影响力和号召力的核心人物，在其协助下把该范围里的个人或组织都变为促销人员新客户的方法。

促销人员首先从商业、社会、政治和宗教等领域，找到核心人物。这类人一般在各自的领域内较有影响，拥有资深背景且受人尊敬。

促销人员要与这些核心人物保持紧密的联系。例如：发现核心人物感兴趣的文章后可以给他邮寄；每月都给他寄点东西，让他记住我们；送他有我们名字和照片的台历；把核心人物介绍给其他人，扩大其影响力；当他帮我们推荐新客户以后，不管交易是否达成，一定要表示感谢。

4. 资料查阅法

资料查阅法又叫间接市场调查法，促销人员需要利用企业内部或者企业外部已有的相关客户资料，较快地了解大致的市场容量和新客户分布情况。如果本企业内部没有这方面的相关资料，促销人员可以到图书馆或者相关机构查阅。

（1）从企业外部查阅资料。例如：通过《中国工商企业名录》查阅企业信息；从图书馆或者地方统计机构处查找人口、税收、产值、利润和产品等统计资料。

（2）从企业内部查阅资料。可查阅销售部门的订货合同、客户意见反馈记录，财务部门的原始单据、会计账目，维修部门的维修记录等。

5. 请咨询公司等相关部门协助

促销人员可向咨询公司、市场调查机构或者国家行政管理部门进行咨询、求助，让其提供专业的客户信息。

这种方法费用较低，所获取的客户信息比较准确、可靠，但是要避免咨询公司等相关部分提供的信息资料和企业的特性不相适应，要对资料进行分析筛选，避免盲目性。

灵活有效地运用以上方法寻找新客户，将极大地提高新客户开发工作的效率和准确性。

关键点提示

寻找新客户主要有以下几种方法：

1.逐户寻访法；2.链式引荐法；3.核心人物协助法；4.资料查阅法；5.请咨询公司等相关部门协助。

6.4　如何成功接触新客户

> **工作场景描述**
>
> 当促销人员想选择适当的媒介与新客户沟通，提高促销的成功率时，可查看。

解读与分析

每种沟通方式都有其优点和缺点，优秀的促销人员应该清楚地认识到所有沟通方式的特点，并合理地运用到新客户开发过程中去。

1. 通过信件与新客户联系

信件沟通的优点在于发送量大，投递面很广，能突破地域限制；成本比较低；只需要等待，不需要花费太多时间，极为方便。但信件沟通的缺点是无法跟踪处理，反馈较慢，废弃率较高。

选择该方式时促销人员要注意：质量高于数量，可以借助广告进行多级推进。

2. 通过电话与新客户联系

优点是价廉，反馈及时，可以多次联系。缺点是缺少面谈的氛围，常因打扰他人而被拒绝。

运用该法时促销人员要注意：通过语气、语调营造沟通氛围，要把握住谈话的重心，同时可以借助可视电话等手段。

3. 经常拜访新客户

优点是直接对新客户施加影响，视觉接触有利于进行长时间演示和沟通互动。缺点是联系成本高，次数少，速度慢。

促销人员使用这种联系方式时应注意：要礼貌预约，将自己的拜访依对象、目的、地域等分为联络拜访、例行拜访、礼节性拜访，应用沟通心理学，把新客户的需求放在首位，尽力设置好谈话的细节。

4. 非预约拜访

优点是能快速取得新客户信任，培养促销人员仪表观念，激发新客户好奇心和兴趣。缺点是常被新客户拒绝。

促销人员使用这种联系方式接触新客户时要做到：准备要完善，保持自信的心态。

该方式特别适合如下情况：工作中有空闲时，电话联络失败或被拒绝时，事先无确定的会谈对象或者要考察一个新地区时。

5. 让客户推荐

该方式的优点是成本低，有利于取得新客户信任，成功率高，容易打开沟通局面，费用损失小。缺点是期望值过高，有时会适得其反。

促销人员应用该方法时应注意：要下意识、有目的地请求推荐；可和其他联系方式相结合，如电话联系等；事后不忘感谢推荐人。

6. 让中介帮助推荐、介绍

这时促销人员要注意：必须对其进行适当的培训，利用其他辅助手段，保持密切联系，经常给予奖励。例如，促销人员可让加油站工作人员在加油时向有兴趣购车者介绍某汽车公司的新车或二手车，让保险代理在客户车辆坏了时推荐自己所在的租车公司。

在给予提成和奖金等物质鼓励时，促销人员还可以给予精神激励。

7. 通过博览会联系新客户

促销人员使用该方法时应注意：要做好充分的准备，进行充分的需求分析；快速与新客户建立联系；进行简短有效的产品展示；做好博览会的后续工作。参观的人多时尽量向客户们同时介绍；尽量获取新客户地址，以便在博览会结束后邮寄样品资料；博览会上要努力约定会谈日期；友好的自我介绍有利于唤起新客户的兴趣；博览会结束后就向新客户发送感谢信。

8. 通过研讨会联系新客户

这种方式突出的优点在于时间长，便于与新客户深入交流，但缺点是费用高，有的报告欠水准。有可能的话企业应尽量向参会者收取适当的费用。

如下几种研讨会形式可供选择：为设计人员举行研讨会，为新一代经理人建立工作小组，为企业的促销人员举办鼓动性活动，为顶级促销人员举办激励性活动。

9. 通过游玩活动和客户俱乐部联系新客户

活动的方案要精心策划，注意以下几点。

（1）游玩活动要注意地方风俗和特色，让新客户感兴趣。比如在户外景点的小石凳上听听小报告，然后划筏子去钓鱼，最后举行烧烤晚会，晚上住帐篷露营，独具特色的游玩活动可以让新客户终生难忘。

（2）准备独特、有吸引力的主题报告，主题如管理知识、销售能力、健康意识、记忆力训练、创造力培训等。

（3）客户俱乐部要邀请专家等参加，争取成立一个客户咨询委员会；可以对成员收费，也可接受赞助；通过办会刊、成员聚会等形式使之充满活力；让老会员推荐新会员，促进俱乐部发展壮大。

总之，与客户联系的方式多种多样，各种方式各有优劣。对促销人员来讲，在认真分析调查的基础上，以智慧为引导，灵活、创造性地运用各种联系方式将极大地增加促销成功的机会。

关键点提示

与新客户进行沟通联系时可以选择以下几种方式：

1.通过信件与新客户联系；2.通过电话与新客户联系；3.经常拜访新客户；4.非预约拜访；5.让客户推荐；6.让中介帮助推荐、介绍；7.通过博览会联系新客户；8.通过研讨会联系新客户；9.通过游玩活动和客户俱乐部联系新客户。

6.5　如何筛选新客户

工作场景描述

当促销人员想从新客户名单中找到可能购买产品的潜在客户时，可查看。

解读与分析

并非每个新客户都是促销人员促销产品的潜在客户，只有用一定的筛选标准排除那些浪费时间和金钱的无效客户，才能真正提高促销人员的促销成功率。

1. 通过需求分析寻找潜在客户

只有客户真正需要的产品和服务，才能帮助客户解决困难，给客户带来好处，从而使双方获利，达成交易。新客户需求分析要从以下几个方面入手。

（1）分辨新客户是否需要促销的产品。例如，卖轿车的促销人员向新客户促销前，必须弄清楚新客户有无购买轿车的需要。如果这种需要是潜在的，促销人员就要采取必要手段把这种潜在需要变为现实需要；如果客户没有购买需求，就不要向其推销。

（2）了解新客户对促销产品品牌的态度，如“我没想过买这牌子”“我从未听说过这个牌子”“我就想买这个牌子的”。新客户对品牌的态度，决定了他购买的可能性，也决定了促销人员需要采取的促销策略。如果促销产品不能满足新客户的需要，也不要在该客户身上费太多时间。

（3）分析新客户为满足自身需要能够接受的价格水平。需求的强烈程度、收入的高低以及需要的紧急程度，都影响着新客户可以接受的购买价格和购买方式。如果新客户有需求但无购买能力，也不要向其推销。

2. 通过支付能力分析筛选新客户

客户有需求、有欲望，但是无购买能力，也不是真正的新客户。促销人员要从侧面了解新客户的财务状况。

（1）对企业支付能力的审查。从媒体发布的信息中收集企业有关财务指标；从政府或主管部门处查询有关资料；通过询问判断其财务状况的好坏；根据外在特征，加上个人经验进行推断。

（2）对个人支付能力的判断。这主要通过询问、观察其言行来判断。一般支付能力强的人，会比较注重使自己的衣食住行与自己的身份相协调，但要防止“以貌取人”，过早对新客户的支付能力下结论。

（3）研究新客户的潜在支付能力。或许因为种种原因，新客户一时资金短缺，促销人员可以再次拜访或者允许他赊销，鼓励其购买。

3. 通过购买决策权筛选新客户

通过对购买决策权的审查，促销人员可以缩小促销对象的范围，避免盲目促销，提高促销工作的效率。

（1）个人购买一些价格高、风险大的产品时，需要考虑家庭成员的意见。促销人员要重视客户所有的家庭成员，依据促销产品性质、类型、使用对象等特征，向有购买决策权的人进行推销。

例如，对于钢琴的购买，倡议者可能是家庭主妇，看到邻居有了自己也想买，家里其他人的意见会加速、延缓或者停滞对钢琴的购买，直接采购这种笨重产品的常是家庭中的年轻男性，最后使用者却是家里的小孩。对这种复杂的购买行为，促销人员要认真分析。

（2）企业的购买决策行为也比较复杂。使用者是员工，影响者是设计人员或者工程技术人员等，决策、批准人是领导者，而采购者可能是企业做供销的人。

总之，有效地筛选新客户能够提高促销人员后期促销的成功率。

关键点提示

筛选新客户要从以下三方面入手：

1.通过需求分析寻找潜在客户；2.通过支付能力分析筛选新客户；3.通过购买决策权筛选新客户。

6.6　如何提高新客户开发效率

工作场景描述

当促销人员想改变新客户开发过程中的低效率状况时，可查看。

解读与分析

如果促销人员已经做了大量的访问和联系，但除了不断高涨的电话费账单和不断浪费的时间，新客户数量并没有增长，个人收益也遥遥无期，那么可以采取如下手段，它将极大地提高促销人员的效率。

1. 制订适合自己的新客户开发计划

在寻找和识别新客户的过程中，并没有一个能够适合所有情况的方案。如下观念却值得借鉴。

（1）一定要从本企业的实际情况和具体需要出发制订详细的新客户开发计划。

（2）不要照抄其他企业的做法，可以适当地改进。

（3）综合借鉴各种方法，选择适合自己企业产品的方法和标准。

（4）计划的具体内容应详尽。

2. 确定重点开发新客户和非重点开发新客户

促销人员要把促销的重点放在购买潜力大的新客户身上，而把购买潜力小的新客户放在后边。

促销人员要充分运用敏锐的观察力和正确的判断力分辨新客户的类型，看所面对的新客户是最有希望的购买者、有可能的购买者，还是购买希望不大的购买者，从而对不同的新客户有针对性地采取不同的促销方法。

3. 从自己熟悉的人中不断开发新客户

促销新手常羡慕那些优秀促销人员有源源不断的客源。其实，促销人员也可以从自己熟悉的人中不断开发新客户。

当和新客户谈话结束时，可问他：“您觉得您的熟人当中还有谁可能购买此款产品？能帮忙推荐一下吗？”同时问清楚新客户相关背景资料。凭借熟人的推荐，促销人员可以找到更多的新客户，极大地增加促销成功的机会。

4. 要随时随地地发掘潜在客户

新客户是无处不在的。促销人员要时时留心，事事留意，一有机会就开发新客户，并随时把新客户资料补充进来。例如，同学聚会、生日舞会、校友会、研讨会等都是开发新客户的好时机。

促销人员要对没有买本企业产品的潜在客户进行回访。客户没有购买产品可能是他们当时不需要或者没有被产品打动，但当时不需要并不意味着将来不需要，促销人员要不断地与客户进行沟通，争取达成新的交易。

总之，促销人员认真理解并掌握以上原则，并努力把它们运用到新客户的开发过程当中，将极大地提高新客户开发的效率，进而提升促销业绩。

关键点提示

提高新客户开发效率的方法有：

1.制订适合自己的新客户开发计划；2.确定重点开发新客户和非重点开发新客户；3.从自己熟悉的人中不断开发新客户；4.要随时随地地发掘潜在客户。

6.7　如何克服促销恐惧

工作场景描述

当促销人员因为各种原因对促销感到恐惧并且想克服它时，可查看。

解读与分析

被拒绝可以说是促销人员的忠实“朋友”，遭遇客户拒绝可以说是促销人员促销工作中的家常便饭。同被拒绝一样，促销恐惧也是促销人员忠实的“朋友”。要想从根本上克服销售恐惧，促销人员需要采取以下措施。

1. 承认自己有促销恐惧

承认自己有不愿意拜访客户的心态是恢复正常心态的第一步。很多促销人员担心如果被上级部门知道了自己的这种心态，会影响自己在组织中的形象。这种担心是完全没有必要的，因为每一位促销人员都会出现不愿去拜访客户的职业恐惧症。

如果促销人员有如下“症状”，就应该进行自我反省了（从最常见“症状”到最不常见“症状”）：害怕打扰别人；分析过多，行动不够；担心得不到家人同意，不愿把工作和家庭生活混在一起；担心失去朋友，不愿在熟人中寻找客户；担心形象受辱；以推销为耻；与人交往时感到难为情；容易着急，贸然行动；害怕电话联系客户；害怕团体展示；怯场；不愿意找引荐人，担心干扰现有业务或与客户的关系；拒绝接受培训。

2. 通过思想上的改变克服恐惧

（1）如果害怕失败：想象在自己拜访过程中客户高兴的样子。

（2）如果害怕被拒绝：回想自己以前发掘的而且目前依然保持联系的客户。

（3）如果害怕没有想法：理清思路，同时要多读相关专业书籍。

（4）如害怕无话可谈：不能说话就少说话。不要一开始就说个不停，而是通过提问题的方式让客户有话可说。客户发现促销人员在认真倾听，会觉得自己受到了尊重。

3. 针对恐惧根源采取相应措施

产生促销恐惧的原因多种多样，以下一些方式可以帮助促销人员克服这种恐惧。

（1）让客户喜欢自己。向客户赠送纪念品，把促销活动看作送礼而非求人，客户会很欢迎。

（2）调整心态。站在客户门前时，想象自己被客户拒绝的最坏结果，但最终还是要回到客户门前，既然结果都一样，那么为什么要担心过程呢？

也有人会在拜访客户前，到洗手间对着镜子自言自语，说各种指责甚至侮辱性的言辞，并试着接受这些言辞。当真正拜访客户时，无论客户的反应如何，也不会比刚才自己的话难听，这样就容易接受了。

（3）肉体刺激法。在手腕上缠上橡皮筋，消极思想入侵时就狠狠弹一下自己，在肉体疼痛的同时努力想象自己做得不错的某个情景。

（4）呼吸调节法。用一拍的时间吸气，停四拍，然后用两拍的时间吐气。如此，如果促销人员花4秒吸气，必须憋住那口气16秒之久，然后花8秒吐气。用这种方法做10次深呼吸，采用腹式呼吸法，想象自己的胸部像个除尘器，正把所有毒物排出身体。

4. 用实际的拜访行动代替胡思乱想

没有动力或者目标渺茫并不意味着不能去拜访客户。行动起来，用繁忙紧张的工作填满那些用来胡思乱想的时间。

关键点提示

克服促销恐惧要做到以下几点：

1.承认自己有促销恐惧；2.通过思想上的改变克服恐惧；3.针对恐惧根源采取相应措施；4.用实际的拜访行动代替胡思乱想。

6.8　如何制订客户拜访计划

工作场景描述

当促销人员想使整个客户拜访过程有目的、有计划、按步骤地进行，改变客户拜访中的无序状况时，可查看。

解读与分析

任何事情要想取得成功，前期都必须做充足的准备和周密的策划。在接近目标客户的时候，促销人员也需要遵循如下步骤，做好相应的计划，以提高效率。

1. 了解目标客户情况

按性质划分，客户可分为个体客户和团体客户两类。面对不同客户时，前期的准备工作有所不同。

（1）针对个体客户的准备工作。

①了解其一般信息，包括姓名、年龄、性别、民族、出生地、受教育程度、职称、居住地、电话号码等。

②工作情况。其包括所属单位、职业、职务、收入情况等。

③家庭情况。其包括家庭成员的价值观念、消费方式、兴趣爱好、购买与消费的参照系等资料。

④需求信息。其包括购买主要动机，需求指向和特点，需求的排列顺序，购买能力，购买决策以及购买行为在时间、地点、方式上的规律性等。

（2）针对团体客户的准备工作。

①找准团体决策人和购买执行人，针对他们做准备。

②了解组织的基本情况。其包括全称、地址、电话、传真、邮编和交通运输条件；组织的性质和规模；组织所属产业、投资及生产规模、成立时间与演变经历；组织人事状况；组织的近期及远期目标、规章制度、办事程序、主要领导人作风、组织结构图及职权划分、人事状况及人际关系等；决策人有关情况，如基本情况、家庭情况、社会经历、兴趣爱好、性格特点等。

③了解企业生产经营情况。其包括产品品种、产量，生产能力，设备技术水平及技术改造方向，产品结构调整及执行情况，产品加工工艺及配方，产品主要销售地域及市场反应，市场占有率及销售增长率，管理风格与水平，企业发展、竞争与定价策略，经营业绩和纳税水平等。

④了解相关部门的购买习惯和购买行为的特点。购买习惯内容包括：采购部门的工作程序和制度，购买信用及购买力集中程度，购买时间、频率和批量，现有进货渠道、支付方式，供求双方的关系及其发展前景等。购买行为内容包括：提出购买申请的部门、对需求进行审核说明的部门、进行购买决策的部门、选择产品和企业的标准等。

2. 制订客户拜访策略

完备的客户拜访策略应该包括以下内容。

（1）确定访问对象、见面时间和地点，根据不同对象选择合适场所。

（2）选择合适的接近方式。

（3）确定产品介绍的内容要点和方法。

（4）设想客户可能提出的异议，做好相应准备。

（5）预测拜访中可能出现的问题，进而未雨绸缪。比如：客户需要产品，但是从不接待来访者；客户不需要产品，却热衷于同促销人员争论；客户可以直接购买，却故意同促销人员周旋等。

3. 确定具体内容

（1）确定约见对象。促销人员要争取接待人员的支持，同他们建立友好关系。

（2）明确拜访目的。不同的拜访目的对应不同的拜访策略。促销产品、市场调查、提供服务、签订合同、收取货款、走访用户等的目的不同，自然拜访策略也不可能千篇一律。

（3）根据拜访对象的活动规律安排拜访时间，选择有利于达到目的的时间。如客户产品出现故障时，及时向其提供相应的帮助；客户资金充足时去收货款；如果到客户家中拜访客户，就选择对方工作以外的时间；在办公室与客户洽谈业务，则选择上班时间；避免在客户忙碌、休息或心情不佳的时候进行拜访。

（4）根据"方便客户"的原则选择拜访地点。如果促销对象是团体客户，通常选在客户的工作场所；如果向个体客户促销日常用品，一般选在客户住所；如果客户喜欢交际，可在招待会、座谈会、订货会、舞会、酒会上洽谈；如果客户不愿在社交场合公开露面，可以选择一般的公共场所。

4. 做好相应准备

（1）仪表要整洁大方、干净利落、庄重有气质，努力给客户留下良好的第一印象。

（2）根据访问目的，准备相应的必备随身物品，如客户资料、样品、价目表、示范器材、发票、印鉴、合同、笔记本、签字笔等。

（3）可在正式面谈之前的短暂时间里继续准备，检查准备情况，同时修改并完善促销方案，使之更有针对性。

制订客户拜访计划是一份细致、琐碎的工作，需要促销人员考虑方方面面的问题。促销人员一定要以平和的心态，认真细致地完成。

关键点提示

促销人员要按照如下步骤制订客户拜访计划：

1.了解目标客户情况；2.制订客户拜访策略；3.确定具体内容；4.做好相应准备。

6.9 如何通过电话与客户预约

工作场景描述

当促销人员想通过电话与客户进行有效的交流，顺利达到约见的目的时，可查看。

解读与分析

电话预约的主要目的是激发客户的兴趣，达到约见目的，而不是强迫对方在不熟悉产品的情况下接受促销人员的促销。灵活运用如下技巧和策略，将让促销人员的预约过程更为顺利。

1. 打电话前的准备

（1）准备一份客户名单。上面标明目标客户的全名、地址和电话号码。

（2）选择合适的通话时间。如银行家、股票经纪人在10点以前、17点以后通话比较方便，工程师、药剂师和杂货商一般在13点到15点之间通话比较方便。

（3）努力获得接待人员的支持。例如，可向接待人员询问："陶姐，我今天很想和你们经理谈谈。我可以在下午2:15或3:30打来，哪个时间比较好？"以征求他们的意见，表明自己重视他们的建议，同时要用小礼物感谢他们提供帮助，并且在领导面前对他们加以赞扬。

（4）最好把电话预约交谈的文字提纲放在手边，这样有利于表述。也可以利用一个录音机进行反复练习，注意表达方式。

2. 掌握打电话时的语言表达技巧

（1）打电话时没有视觉上的交流，所以应当提高语言表达技巧，培养倾听习惯。

（2）嘴唇稍微离开话筒，要张大自己的嘴，以便更清晰地发音，避免含糊不清。要使用简单语言，避免使用技术用语。

（3）注意语气、语调和语速。尽量微笑着说话，对方会注意到促销人员说话时语调的变化。速度不要太快或太慢，以对方能听清楚为宜。

（4）讲话时保持热情，让人感觉是同人而不是同机器讲话。

（5）用“是的”“我明白”等简短话语表明自己在倾听。

3. 掌握打电话时的沟通策略

（1）介绍自己和自己的企业时，用热情、清晰、响亮的话语加以强调，接着加快谈话的速度，因为这个时候客户拒绝的可能性最大。

（2）及时进入谈话主题。如：“昨天我和 ×× 公司的张经理在一起，他说您可能对我们的新款复印机有兴趣。”促销人员可用让权威人士推荐，引用业界知名人士的观点等方式进入主题。

（3）通过各种方式激发客户的兴趣，如：“我们公司最近研发出一种新的设备，可以降低你们目前生产中20%的成本。”“如果把您的汽车保险费用削减一半，您会感兴趣吗？”

4. 避开电话预约的误区

打电话的目的是通过简短的信息交流激发客户的兴趣，确保预约成功。当客户想了解更多时，告诉他“要想更全面地了解情况，需要更多的时间，我想和您面谈”。

避免用含糊的语句预约，如下说法都不太好：“如果您有时间的话，或许我们可以见见面”“我明天或许有空”等。

总之，打电话是一门艺术，动脑又动口，需要促销人员在日常的工作中认真准备，多多积累经验，以确保万无一失，增大预约客户的成功率。

关键点提示

通过电话与客户预约要注意以下几个方面：

1.打电话前的准备；2.掌握打电话时的语言表达技巧；3.掌握打电话时的沟通策略；4.避开电话预约的误区。

6.10 如何接触目标客户

工作场景描述

当促销人员想用适当的方法与技巧给客户留下良好的第一印象时，可查看。

解读与分析

要想在与客户的短暂接触中达到预期目的，促销人员就必须根据产品和客户的特点灵活确定接近目标客户的策略，如下方法值得借鉴。

1. 通过介绍接触目标客户

自我介绍接近："××经理，我是××公司的××。最近我们公司开发出一个新的系统，它的数据处理功能已被××（某权威人物）推荐，我觉得你们公司的情况和他们公司类似，这是我的名片。"

他人推荐接近："您好！上次我与您哥哥谈话时，他让我向您介绍这款产品。"

产品介绍接近：某橡胶轮胎厂的促销人员开车带着企业的各种轮胎样品前往客户企业，不用介绍，将轮胎样品一字摆开，对方就要买。质量过硬的产品会让促销人员少费口舌。

2. 通过展示利益接触目标客户

文具促销人员："本厂出品的各类账册、文具比其他厂家生产的同类产品便宜二成，量大还可优惠。"

轮胎促销人员："去年高速公路上发生多起交通事故，28%是因为爆胎。"其先展示相关证据，然后强调本企业产品在防止爆胎方面的突出优点。

3. 利用好奇心理接触目标客户

咨询公司："贵公司上个月销售量下降了20%，我这里有一份资料可以说明其中的原因。"客户态度会立即由冷变热。

科普书籍促销人员："这本书可以告诉您，丈夫的寿命与妻子有关。"

运用此法时，要考虑客户的文化素养和生活环境，不然会弄巧成拙。

4. 通过产品演示接触目标客户

防火衣促销人员：见到客户后并不急于开口说话，而是从包里拿出一件防火衣，装入大纸袋，然后用火点燃，纸袋烧完后衣服仍然完好无损。

运用演示接近法时，也要分析客户的兴趣爱好、业余活动，寻找合适的演示地点。

5. 通过馈赠礼品接触目标客户

"张经理，送您一本漂亮的台历，上面刻有您的名字。每个月我都会把一本展示我们公司产品特点的新台历放在您的座架上。比如本月的台历就展示了我们公司新式轮胎的特点。"

"王小姐，这把高质量的牙刷是送给您的，免费的，我只想占用您5分钟时间。"

又如，销售冰箱时可送温度计，销售高级音响时可送高质量CD，销售洗衣机时可送洗衣粉，等等。

6. 运用赞美接触目标客户

"李先生，刚才您老板说您干得不错，使公司的印刷成本降低了。我有几个办法能帮您进一步降低成本。"

"王总，您是计算机方面的专家。这是我公司研制的新型电脑，请您指教一下在设计方面还有哪些问题。"

"崔工程师，您是电子方面的专家，与同类产品相比，您觉得我厂研制的这类电子设备在哪些方面有突出优势？"

注意：赞美要发自肺腑，瞄准对象，瞅准时机，不要信口开河，胡乱吹捧，切忌虚情假意，无端夸大。

总之，在促销实践中，促销人员要灵活运用各种接近方法，并根据实际情况创造出一些新的行之有效的方法，以取得促销的成功。

关键点提示

要想巧妙地接触目标客户，如下方法可供选择：

1.通过介绍接触目标客户；2.通过展示利益接触目标客户；3.利用好奇心理接触目标客户；4.通过产品演示接触目标客户；5.通过馈赠礼品接触目标客户；6.运用赞美接触目标客户。

6.11 如何通过信函与目标客户沟通

工作场景描述

当促销人员想通过有效的写作让信函富有魅力，在吸引客户注意的同时传递丰富的产品信息时，可查看。

解读与分析

促销信函有着其他联系方式不可替代的优越性。当促销人员需要写信函的时候，不妨看看如下技巧。

1. 写促销信函的最佳时机

“我宁愿打电话、直接拜访，也不愿写信！”有的促销人员常常这样想。但是当遇到如下情况时，促销信函就显得尤为必要了：没有见到客户，需要给他留言时；在邮寄样本上加上手写说明，使其更有人情味时；利用手写书信向客户提出真诚的邀请时；在给客户打电话前利用信函进行书面介绍时；需要在名片空余地方留言，方便与客户联络时。

2. 运用适当方式让信函引人瞩目

平淡无奇的信函的最终归宿只能是废纸篓。要想增加信函的吸引力，促销人员就需认真考虑如下几个方面。

（1）选择合适的纸张，如光滑明亮的纸张。

（2）选择合适的书写方式，如用钢笔书写、用彩笔书写、计算机打印等。

（3）选择合适的表述方式，尽量用精炼的提问或鲜明的短句来表达。

其他如信的长短、分段、图片、附件、信封等，都是信函写作中要考虑的因素。总之，要尽量体现出大胆、新奇、独特等特点。

3. 通过内容上的创新吸引客户

（1）运用“KISS原则”吸引客户的注意力。KISS即Keep It Simple and Stupid（让信简短易懂），因为客户总是在浏览信件的最初20秒决定是否要读完它。

（2）利用客户的阅读习惯写作信函。一般客户不会耐心地逐字逐句阅读信件，而是一目十行地获得信件的内容。

（3）最好用“每天节省一个小时”“税收卷走了一切”等能使人产生好奇的标题。信函在段数上一般是两段，最多三段，每段最多五行字。如果信函使人感觉很“满”，就没有人读它了。签名处最好手写签名。附录最好重复优点、要求和暗示利益。

4. 避免出现促销信函写作的常见错误

不要把每封信函都写得一模一样；要避免使用复杂句式，否则会让人不容易理解；要从客户角度考虑，避免罗列数字；要避免隐匿真实姓名；不要忘了要求客户回电。

总之，促销信函的写作是一个细致活，需要促销人员认真面对。

关键点提示

通过信函与目标客户沟通要注意以下几点：

1.写促销信函的最佳时机；2.运用适当方式让信函引人瞩目；3.通过内容上的创新吸引客户；4.避免出现促销信函写作的常见错误。

6.12 如何运用非语言行为与客户沟通

工作场景描述

当促销人员想利用语言沟通的同时，利用非语言的手段让促销洽谈过程“锦上添花”，可查看。

解读与分析

在人际沟通过程中，非语言行为很少独立担当起沟通重任，但它却起着配合、辅助和强化语言的作用。恰当地运用非语言行为，将有助于促销的成功。

1. 选择合适的空间距离

人们在特定场合下应该保持可以接受的社交距离。一臂之长即亲密距离，促销人员一般不宜进入；1米左右的距离为私人距离；1~3米的距离为社交距离，适合平时做促销展示；大于3米的距离为公共距离，适合向一群人做演示。

不同的站姿、坐姿也有不同的空间距离与之相适应。双方站立时，应保持两条手臂左右的距离；一方站着，另一方坐着时，适合保持一条半手臂的距离；双方坐着时，可以保持一条手臂左右的距离；人坐在桌子前时，要与桌子保持一个拳头左右的距离。

2. 正确识别客户的非语言行为

（1）客户的接受信号。如果客户对促销人员所说的话持赞许态度，他将发出如下非语言信号：身体前倾或立正；面部微笑，放松，声调积极，目光直接，眼睛看着实物；手比较放松，两手摊开；胳膊放松，一般呈打开状；双腿交叉叠起并朝向促销人员或不叠起。

（2）客户的谨慎信号。如果客户对促销人员所说的话持中立或怀疑的态度，将有如下非语言信号：身体朝远离促销人员的方向倾斜；面部迷惑，无表情，目光很少接触促销人员的目光，声调中性或带有疑问，很少说话或提问；胳膊交叉且紧张；手来回摆动，握手无力；腿抖动着，朝远离促销人员的方向叠起。

对策：放慢或停止展示，做出调整；用开放式结尾鼓励客户谈话；仔细倾听客户的话并直接作出反应；鼓励客户反应。

（3）客户的不同意信号：缩起肩膀，身体向远离促销人员的方向倾斜；身体背向促销人员或想离开；面部紧张，生气或皱眉，少目光接触，声调消极或突然安静下来；手臂紧张，交叉在胸前；手紧张并握紧，握手无力；腿交叉并远离促销人员。

3. 运用合适的非语言行为促进销售

（1）目光。谈话时可适当注视客户的眼睛，目光要诚实、真诚、专注。没有目光接触会被对方认为狡诈、不诚实；目光接触时间太长或太短会让人不舒服，产生威胁感；眼睛瞟来瞟去会被对方视为狡诈。

（2）手势。展开手掌时不应张开手指，不应跷起大拇指，正确的做法是把大拇指稍稍向内弯曲，其余四指轻轻并拢；握手时要自然大方，不能有气无力地伸手，不要弯腰，不可戴着手套和别人握手；握手时必须用右手，且面带微笑，不可太用力。

（3）坐姿。上身要保持挺直，可微前倾；手一般放两腿上；最好坐满整个椅面；两膝盖应保持一个拳头左右的距离；脚跟要靠拢；背部勿靠椅背。

非语言沟通过程是买卖双方沟通过程的重要部分。促销人员应努力学习和理解非语言沟通，以增加促销成功的可能性。

关键点提示

运用非语言行为与客户沟通时，应注意以下几点：

1.选择合适的空间距离；2.正确识别客户的非语言行为；3.运用合适的非语言行为促进销售。

6.13 如何与不同性格的客户沟通

工作场景描述

当促销人员想与不同性格的客户良好沟通时，可查看。

解读与分析

根据客户的性格差异，促销人员可以把客户分为思考者、直觉者、情感者和感觉者四种类型。针对不同性格的客户有策略地进行沟通，将提高促销过程中的沟通效率。

1. 对于思考者，要用事实、数据说话

（1）思考者的特点。这类客户直截了当，看重细节，注重事实，善于沟通交流，不墨守成规，客观而又理性；做事过于谨慎小心，缩手缩脚，严肃有余，僵化不变；他们既回顾过去，也关注现在和未来；办公室里一尘不染，桌上放有计算器、电脑等；衣着保守而又整洁。

（2）对策。这类客户重逻辑推理与系统性调查，促销人员需要在促销前准备好准确的事实和说服性数据，在做产品演示时，要有次序、有逻辑地安排好素材，结束时要说“您多考虑考虑吧，明天我再和您联系”，给客户留下分析思考的时间。

切记：对于这类客户，任何时候都不要轻易放弃获取订单的机会。

2. 对于直觉者，要强调概念和目标

（1）直觉者的特点。这类客户热衷于社交活动，爱出点子，喜欢开发项目，具有领导才能和人格魅力，但常想入非非，武断、教条且不善倾听。他们在时间上侧重于未来；办公室里摆满了理论学术书籍等，常用抽象艺术、流行图标来装饰居室；衣着时髦却又皱褶遍布。

（2）对策。由于这类客户重视新理论与新观点，因此促销人员要尽量针对他们的需求和目标进行促销展示，展望辉煌的未来。结束时促销人员要有意强调自己时间紧张，工作繁忙，给他留下精明干练的印象，比如：“我知道张经理您比较忙，恰好我也

要找王工程师谈谈具体细节，就先谈到这里吧。”

切记：介绍时间要尽量充裕。

3. 对于情感者，要注意察言观色

（1）情感者的特点。这种人纯真自然，不固执，擅交际，能理解关心他人，但易冲动，好拖拉，多愁善感且主观性强。他们在时间上倾向于过去；办公室里常摆放个人徽章及纪念品、家庭照片；居室装饰以风景人物图片为主，温馨自然；衣着侧重流行式样或休闲式样。

（2）对策。由于这类客户重视人性，对别人的需要敏感，故促销人员和他们打交道时要注意察言观色，谈话时一般从近期的接触展开，并多用情感性词汇。促销人员要主动结束交谈，推动客户作出决策：“好吧，如果没有什么异议的话，那下周我们就开始吧。”

4. 对于感觉者，要多用模型和样品

（1）感觉者的特点。这种人以行动为导向，以感觉来处世，果断干脆，直来直去，但无耐性且短视，热衷于名分地位。他们在时间上倾向于现在；办公室杂乱无章，报纸成堆；衣着松散，喜欢穿工作服。

（2）对策。由于这类客户在乎行为，促销人员和他们打交道时要简洁明了，直入主题。促销展示时促销人员要尽量从结论和结果入手，多用模型和样品，结束时最好给对方留下选择的余地。

总之，促销人员对客户性格进行划分的目的，是让自己更好地理解客户的心理特点和购买行为，最终促进销售。性格划分并非灵丹妙药，但是若能灵活地运用客户的性格，将使沟通更具针对性，促销更为顺利。

关键点提示

与不同性格的客户进行沟通时，应掌握以下内容：

1.对于思考者，要用事实、数据说话；2.对于直觉者，要强调概念和目标；3.对于情感者，要注意察言观色；4.对于感觉者，要多用模型和样品。

6.14 如何获得客户的信任

工作场景描述

当促销人员想让客户信任自己，进而达成促销协议时，可查看。

解读与分析

客户总是努力寻找值得信任的合作伙伴，这对促销人员来讲是一个好机会。灵活地掌握以下技巧，将有助于促销人员与客户建立良好的信任关系，从而促进销售。

1. 树立客户导向意识

客户导向意味着客户利益至上，促销人员应努力满足客户的长期需求，而非他们自己的短期目标。促销人员要给客户提供公正客观的促销展示，真诚地与其发展伙伴关系，并牢记客户利益至上的准则。

例如，客户因仓库失火而无处储存货物，促销人员坚持不间断送货，一直到仓库重新建成为止，这会给客户留下深刻印象，知道一旦需要帮助，促销人员总会给予协助。

2. 要有丰富的专业知识储备

丰富的专业知识储备对优秀的促销人员来讲是尤为重要的。促销人员要从销售培训以及自学中获取大量相关专业知识，比如行业和企业知识、产品知识、价格促销策略、企业服务策略、市场及客户知识、竞争者知识和技术知识。促销人员知道得越多，越容易与客户进行良好的沟通并赢得客户的信任。

例如，企业规定客户可以在收到货物后30天内退货，而某客户在收到货物60天后要求退货，尽管促销人员同意其退货，但上级管理部门可能拒绝接受退货。这样的话，这位客户就可能会因此流失。促销人员的正确做法是在拥有丰富知识储备的基础上，努力协调管理层和客户之间 的关系，尽力把客户留住。

3. 要信守承诺

促销人员信守承诺会让客户觉得其值得依赖。促销人员一旦做出承诺，客户就期待承诺兑现，但他们不会打电话来提醒促销人员兑现做过的承诺。

要想做到这点，促销人员需要在拜访中记笔记，避免忘记相关事宜，同时要证明自己能够严守商业秘密。

4. 要有正直的人品

为拿到订单而歪曲事实，不择手段，这种鼠目寸光的做法最终将有损买卖双方的关系。

促销人员要想赢得客户的信任，不能仅靠言语，还需要应用其他促销辅助工具，如产品鉴定书、相关出版物、消费者研究报告等。证据必须可靠，一个小的失误有时会使企业所有的信誉丧失殆尽。

5. 要努力与客户建立和睦关系

客户有时很难抽出时间来应付工作以外的事务，促销人员要灵活地创造与客户见面交谈的机会，比如，可以通过共进午餐来与客户适当讨论产品，努力与客户建立起和睦关系。

要记住，客户也是人，他们也希望能和更多人建立良好的关系。

关键点提示

要想获取客户信任，须做到以下几点：

1.树立客户导向意识；2.要有丰富的专业知识储备；3.要信守承诺；4.要有正直的人品；5.要努力与客户建立和睦关系。

第7章

客户沟通与促销洽谈常见问题

成功接触目标客户后，就进入促销洽谈阶段。促销洽谈是促销环节中的重要一环，促销人员需要在此阶段尽力说服客户，促成交易。深入学习本章之后，促销人员将能够灵活运用各种洽谈技巧和客户沟通，进而发现和证实客户的需求，通过高效的产品演示活动向客户传递极具针对性的信息，运用多种方法和技巧诱发客户的购买动机，说服客户采取购买行动。

7.1　如何在促销洽谈中满足客户心理感受

工作场景描述

当促销人员为了促销洽谈的顺利进行而需要从心理需求角度对客户进行分析时，可查看。

解读与分析

洽谈是由人来进行的，人的心理感受对洽谈具有重要的影响。人们在洽谈中的一切行为，乃至最终的决定，无一不是人们心理活动的结果。为了获取良好的洽谈效果，促销人员一定要把握客户的心理状况，满足客户的心理感受。

1. 充分满足客户的生活需要

洽谈是一项艰苦的工作，要消耗大量体力、脑力。如果是主场洽谈，一定要注意为客户提供适合其口味的饮食和方便舒适的住处，满足其生活需要，使其以良好的身体状态与己方进行洽谈磋商。

2. 满足客户寻求安全和保障的心理需要

在洽谈时，由于对洽谈地区的民情风俗、社会治安状况、交通状况缺少了解，客户常常感到缺少安全感。在这种情况下，作为东道主的己方，应该尽力在洽谈之余多陪伴一下客户，如专车接送客户、陪同客户参观游览等。这样做，客户会在不知不觉中把促销人员作为可以接受、可以依赖的人来看待，这无疑对洽谈是有利的。

3. 满足客户爱与归属的心理需要

爱与归属的心理需要在洽谈中具体体现为对建立友情和双方友好关系的希望。虽然促销洽谈从一定意义上来讲，是要对双方的利益进行划分，常常使洽谈双方的关系处于紧张或对立的状态之中，但是，就一般人的天性来讲，是不愿意在紧张对立的环境中进行活动的。因而我们要持友好合作的心态，充分利用各种机会促进和加深双方的友情。

4. 满足客户获得尊重的心理需要

这种心理需要不仅要求我们在洽谈中从人格上尊重客户，还要在地位、身份、学识与能力上尊重和欣赏客户。前者要求在洽谈中不能使用污辱性的语言，言辞有礼，不能对客户进行人身攻击，洽谈时对事不对人。后者要求我们所有的洽谈行为要符合一定的习惯和礼仪，要适时赞扬客户的学识和能力，而且在洽谈的过程中或者是洽谈结束之后，由我方的高级主管出面，会见一下对方的洽谈人员，以示礼遇，这也会体现出对对方的重视和尊重。

5. 尊重客户的心理感受会使我方受益

在某些情况下，因为促销人员非常尊重对方，以至于促销人员提出的某些本来对方可以拒绝的要求，对方为了受人尊重而不得不接受，这点似乎与“戴高帽”的策略有异曲同工之处。

6. 适当满足客户自我实现的需要

自我实现的需要在洽谈中体现为追求洽谈目标的实现，尽力为自己争取更多的利益，以洽谈中取得的成就或成绩来衡量自己的价值。

从某个角度来说，客户自我实现的需要与我方的利益获取是相矛盾的。争取尽可能多的利益，是每一个洽谈人员所追求的。在一般情况下，除了策略上的需要以外，不要以放弃自己的利益为条件去满足客户自我实现的需要。

自我实现也就是要体现自己的价值，而价值是否能得到体现，取决于他人对其价值的认识和评价。一种比较周全的做法就是在客户通过洽谈只能获取较少利益的情况下，我方通过强调种种客观上对他们不利的条件，赞赏他们主观上所做的努力和过人的能力，使他们在面子上过得去，内心又得到平衡，从而使其自我实现的需要得以满足，而我方并没有牺牲自己的利益。

在促销洽谈的过程中，为了获得良好的洽谈效果，一定要注意满足客户的心理感受，给客户以良好的心理感觉。

关键点提示

在促销洽谈中，满足客户的心理感受需要做到以下几点：

1.充分满足客户的生活需要；2.满足客户寻求安全和保障的心理需要；3.满足客户爱与归属的心理需要；4.满足客户获得尊重的心理需要；5.尊重客户的心理感受会使我方受益；6.适当满足客户自我实现的需要。

7.2　如何在促销洽谈中与客户建立和积累感情

工作场景描述

当促销人员需要与对方的洽谈人员建立良好的个人关系时，可查看。

解读与分析

洽谈中丰富的情感影响着每一个洽谈人员的行为。因此，成功的洽谈，不仅有赖于双方利益上的互惠，也有赖于双方情感上的融洽。

一个优秀的促销洽谈人员，不仅要懂得专业知识和洽谈的技巧，还要善于表达对他人的友好和关心，理解客户的需要，与客户建立和维持友谊，也就是善于同客户建立和积累感情。

1. 注重感情的积累

心理学研究证明，人与人之间的好感和友谊，需要在不断的实际交往中形成。所以促销人员要争取与客户多接触，多交往，不断加深和积累感情，为以后的洽谈打下良好的情感基础。

2. 增加双方交往次数

洽谈者的时间都是很宝贵的，所以用于联络感情的时间总是有限的。因而促销人员要注意把握每次交往的时间，每次时间不要过长，而要相对增加交往的次数。缩短每次交往的时间，可以使客户觉得不是在浪费时间，也减少了暴露己方不足的可能性，可以在有限的时间里给客户留下最佳的印象。增加交往的次数，可以逐渐增进双方之间的感情，给客户留下深刻的印象。这样为双方开展更广泛的交往提供了更广阔的空间。

3. 在洽谈之外建立感情

在洽谈中，由于双方的分歧和利益冲突等因素的限制，双方很难建立友情或产生好感。为了把对手变成朋友，优秀的洽谈者善于把洽谈过程与其他活动交织进行。在正式洽谈之外，安排游览、参观、宴会和娱乐活动，利用这些活动建立和增进双方之间的感情和友谊，为洽谈的顺利进行创造条件。

4. 记住对方每个人的姓名和爱好

在洽谈中，促销人员不仅要注意对方的主谈人，其他所有的成员也不可忽视。最简单的向他们表示尊重的方法就是记住他们的姓名，适当了解他们的喜好和关心的问题，在需要他们帮助促成交易时，他们就可以派上用场了。

5. 注重感情投资的前瞻性

感情投资的前瞻性也很重要，它往往会给投资者带来“利息”，用小量的感情投资收到很好的效果。如果在洽谈开始后，促销人员才开始进行感情投资，效果往往不佳，甚至会被对方认为是在套近乎，引起对方的反感。

洽谈双方的良好感情，会成为洽谈的润滑剂和助推剂，所以我们平时要注重与客户建立和积累良好的感情。

关键点提示

在促销洽谈中与客户建立和积累感情时要注意以下几点：

1.注重感情的积累；2.把握交往时间，增加交往次数；3.注意在洽谈之外建立双方感情；4.了解客户的偏好和需要，记住每个人的姓名；5.注重感情投资的前瞻性。

7.3　如何在促销洽谈中运用积极情绪推进洽谈

工作场景描述

当促销人员想在洽谈中运用积极的情绪来推进洽谈时，可查看。

解读与分析

情绪对人们的行为有很大的影响。如果促销人员在洽谈中恰到好处地运用自己积极的情绪，则会带来客户的积极配合与宽容大度。

1. 以积极的态度开始洽谈

洽谈一开始就表现出积极的态度，给客户以和谐与愉快的感觉，往往会感染客户，使客户也表现出积极的态度。这种情形下，哪怕是一个很难解决的问题，双方也会努力求得满意的结果。

2. 对满意的地方多加称赞

如果双方人员在平等的基础上进行洽谈，日程和议题的安排都很合理，洽谈的阶段性成果也令我方很满意，那么我方就要适时地称赞对方。例如，促销人员可以说："洽谈的日程和议题安排很合理，贵方的准备工作做得非常细致周到。我们今天先到此为止吧，我方对现阶段的成果感到很满意，希望我们明天在真诚合作的基础上有更大的突破。"

3. 微笑的妙用

在促销洽谈的过程中，难免会遇到刻薄的挑剔者，他们可能会出言不逊，甚至进行人身攻击。对付这些强硬或粗俗的对手，含蓄的微笑往往比言辞的反击更有力。有时只要相关人员保持微笑，就能控制住洽谈局面，减少对方的激烈言辞，化解对方的攻击，从而达到以静制动、以柔克刚的目的。

4. 切忌在胜利后"喜出望外"

成交以后的自满和自夸，是极为不妥的。在一次重要洽谈中大获全胜，便到处自吹自擂，说自己如何"痛宰"对方，绝对不是高明的做法。因为许多交易都会有后续的交涉，而那个曾经被促销人员“痛宰”的人，很可能便是促销人员要多次打交道的人。万一促销人员的那些大话传到他们的耳朵中，就会让他们觉得受到了侮辱，那他们必定会对促销人员充满敌意，势必会在以后寻找报复的机会。

促销洽谈的过程常常是紧张而严肃的，促销人员有效地利用自己的积极情绪会产生很好的效果。

关键点提示

运用积极的情绪推进洽谈需把握以下几点：

1.以积极的态度开始洽谈；2.对满意的地方多加称赞；3.妙用微笑；4.切忌在胜利后“喜出望外”。

7.4 如何在促销洽谈中化解和运用忧虑

工作场景描述

当促销人员需要化解在洽谈中产生的忧虑情绪和巧用忧虑策略时，可查看。

解读与分析

在洽谈中产生忧虑情绪有助于促销人员避免由于考虑不周而带来的潜在风险。在洽谈的过程中，由于交易的复杂性和结果的不确定性，促销人员的忧虑比其他情感存在的时间都要长，甚至会贯穿从接受洽谈任务开始到洽谈结束的全过程。但是促销人员如果忧虑过度，就会给自己增添不必要的压力，使自己一直处于紧张状态，从而影响洽谈的顺利进行。因此促销人员要学会掌控和化解自己的忧虑情绪，同时还应巧用忧虑与对方周旋，以掌控洽谈局面，促进交易的达成。

1. 减少不必要的忧虑

忧虑毕竟是一种消极情绪，忧虑过多会影响促销人员的精神状态，影响其能力和水平的正常发挥。所以促销人员要适当地减少忧虑，也要避免因过于追求完美而自我施压。

2. 充分准备，做到有备无患

促销人员在洽谈中产生忧虑情绪，很大程度上是因为担心自己准备得不够充分，担心在洽谈中会出现始料不及的问题。所以在开始洽谈前，促销人员一定要做尽量周全的准备工作，多了解相关信息，以换来洽谈中的游刃有余和应对自如。

3. 利用对方的承诺消除忧虑

在促销的过程中，促销人员可以利用对方的承诺来消除自己对洽谈结果不确定性的忧虑。如果担心付款得不到保证，促销人员可以要求对方开具不可撤销的信用证，将银行的信用作为付款的保证。

4. 利用忧虑博取对方同情

促销人员在洽谈过程中利用己方的忧虑情绪，唤起对方的同情，是一种特殊的洽谈策略，能够减少对方的攻击。

在促销洽谈的过程中，由于许多问题具有不确定性，产生忧虑情绪是很正常的，促销人员要学会更好地处理这种情绪。

关键点提示

促销人员要化解和运用洽谈中产生的忧虑情绪需要做到以下几点：

1.减少不必要的忧虑；2.充分准备，做到有备无患；3.利用对方的承诺消除忧虑；4.利用忧虑博取对方同情。

7.5　如何在促销洽谈中消除自己的不良情绪

工作场景描述

当促销人员需要消除洽谈中自己产生的不良情绪时，可查看。

解读与分析

在促销洽谈的过程中，促销人员难免会产生消极情绪，包括缺乏自信、悲观或恐惧等。为了消除这些不良情绪及其产生的影响，促销人员不仅需要认识到产生这些情绪的原因，还要掌握正确的消除不良情绪的方法。

1. 自信是成功的关键

促销人员若想提高自己的洽谈实力，就必须沉稳自信。在洽谈中出现胆怯心理是很正常的现象，虽然我们没有治疗胆怯的灵丹妙药，但是我们可以通过不断的训练和实践来克服它。

促销人员首先要相信自己一定能够取胜，要对自己说“我一定可以实现目标”，而不要说“我能实现目标吗”，同时要对洽谈抱有积极的态度和合作的诚意，以务实的态度面对问题、分析问题和解决问题，坚持自己的正确主张，而不是如履薄冰、如临大敌，轻易怀疑自己。

2. 保持沉着镇静，临危不乱

在洽谈过程中促销人员要始终保持沉着镇静、临危不乱。洽谈前进行充分的准备是关键时刻临危不乱的先决条件。即使在洽谈的过程中出现出乎意料的问题，促销人员也不要慌乱，慎重考虑后再答复对方。不要匆忙做出决定，可以利用“暂停”来进行深入的思考和研究。

3. 不必悲观，总结经验才是关键

洽谈中的悲观情绪主要来自洽谈中的失误或洽谈失败。人们为了获得利益而进行洽谈，成败直接关系着己方的利益。其实悲观解决不了问题，关键是要从失败中总结经验教训，避免类似情况的发生。

促销洽谈中产生的消极情绪不利于双方洽谈的进展，也不利于促销人员洽谈水平的发挥，所以促销人员要及时消除自己在洽谈中出现的不良情绪。

关键点提示

正确消除洽谈中产生的消极情绪需要把握以下几点：

1.自信是成功的关键；2.保持沉着镇静，临危不乱；3.不必悲观，总结经验教训才是关键。

7.6　如何在促销洽谈中避免双方产生敌对情绪

工作场景描述

当促销人员需要避免洽谈双方陷入敌对情绪时，可查看。

解读与分析

洽谈进入利益之争和解决问题的关键阶段时，双方基本处于对立状态，此时若产生敌对情绪，会严重影响洽谈的顺利进行。这时促销人员一定要注意以下几点。

1. 在开始阶段不要产生敌意

在洽谈刚开始的阶段，说话一定要小心，如果客户的立场促销人员完全不同意，也千万不要与之争论，因为争论不仅不会使客户认识到自己的错误，反而会增强他们证明自己正确的欲望。如果促销人员想避免通过代价高昂的争论解决问题，那么就不要在洽谈开始阶段充满敌意。

2. 有策略地转变客户的看法

为了避免产生敌对情绪，促销人员可以先同意客户的意见，然后有策略地扭转客户的看法。促销人员可以这样说："我理解您的感受，其他客户也有过跟您一样的感觉，但您知道他们总是会发现什么吗？当我们进一步探讨的时候，他们就会发现我们的产品是性价比最高的……"

3. 避免当面争吵

促销人员应该尽量避免与客户当面争吵，因为当面争吵会使对方产生强烈的敌对情绪。促销人员需要在洽谈中养成先表示同意对方观点再思考如何扭转局面的习惯。人有自卫的本能，当我们和别人争吵的时候，别人就会同我们争吵。

4. 控制自己的愤怒情绪

在洽谈中情绪烦躁，强词夺理，暴躁地大喊大叫，对己方和对方都没有好处。随着洽谈的进行，双方可能会在实质利益方面存在较大的分歧，争论也会越来越激烈，因而会对彼此越来越不满意。人的忍耐是有限的，在忍无可忍的情况下，怒火可能就会爆发出来。然而发怒的结果只能是挑剔、抱怨和失败，所以在洽谈中，促销人员一定要及时进行自我调整，改变思维方式，保持头脑的冷静，以控制自己的情绪。

洽谈的双方既有竞争又有合作，要在竞争中求合作。双方绝对不是敌人，洽谈中产生的敌对情绪会阻碍洽谈的正常进行，一定要尽量避免。

关键点提示

在促销洽谈的过程中要极力避免敌对情绪，需做到：

1.在开始阶段不要产生敌意；2.策略地转变客户的看法；3.避免当面争吵；4.控制自己的愤怒情绪。

7.7 如何在促销洽谈中平息客户的情绪波动

工作场景描述

当促销人员需要平息客户的情绪波动时，可查看。

解读与分析

在促销洽谈的过程中，促销人员经常会遇到对方发火的情况，例如，对方觉得促销人员提出的条件太苛刻，觉得促销人员的报价水分太多，等等，每个促销洽谈人员都会担心出现这种情况。下面是促销人员应对此种情况的方法。

1. 允许其发泄怒火

对于发怒的人，先让他释放一些怒气是很必要的，人们有时需要发泄情绪。促销人员要尽量保证他的怒火不扩散，以免影响或打扰其他的人。促销人员最好以局外人的身份看待对方的怒气，不要做情绪性反应。

2. 弄清对方的目标

对方发火肯定是有原因的，促销人员应该先弄清楚对方为什么发火，他想达到什么目的。即使促销人员不能或者不愿意对他做出让步，也要确切地知道他想要的是什么。

3.不要让争吵升级

我们经常会看到有些人因为鸡毛蒜皮的小事而不断争吵。我们也许曾见过这种情况，公交车上两个人争得面红耳赤，似乎还要大打出手，当我们弄明白原因的时候，可能根本无法相信他们只是因为要不要开窗这点小事而吵个不停。因此，当对方发火时，促销人员需要想办法让对方平静下来，不要针锋相对，与对方争吵，以免争吵升级，使得洽谈无法进行下去。

4. 了解各方面的情况，交换信息

确定了对方的基本要求和目标之后，促销人员要着手了解各方面情况，尽量收集一切相关信息，在这个阶段不要急于得出结论。对那些发火的客户，弄清原因，了解相关情况后，促销人员不要生气，而是与之交换信息。交换信息对于平息对方的怒火是很重要的。

5. 与对方达成协议

完成了上面几项工作之后，促销人员就可以和对方一起寻找解决问题的办法了，最终达成一致意见。要寻找那些对方认为有价值，并且促销人员在洽谈中可以做出让步的东西，它们对于对方很重要，对促销人员却不一定有太大价值。

6. 采取忍气吞声的策略

忍气吞声也是一种洽谈策略，运用这种策略，最终会使对方认识到促销人员的宽宏大量。忍气吞声，看似窝囊，实际上是宽宏大量的表现，不因对方的喜怒而喜怒，使自己处于一种超然事外的状态，从而改变对方生硬的态度。

由于洽谈过程中存在利益争夺，对手发火的情况在所难免。当促销人员在洽谈中遇到发火的对手时，别忘了灵活运用上述方法。

关键点提示

面对发怒的洽谈对象时，促销人员需要做到以下几点：

1.允许其发泄怒火；2.弄清对方的目标；3.不要让争吵升级；4.了解各方面的情况，交换信息；5.与对方达成协议；6.采取忍气吞声的策略。

7.8 如何在促销洽谈中根据客户的情绪说话

工作场景描述

当促销人员需要根据对方的情绪采取适当的洽谈策略时，可查看。

解读与分析

情绪是人的情感和心理状态的外在表现。人们在交谈中可以用声调、眼神、脸色等的变化来反映自己的情绪和态度。情绪对洽谈进程有很大的影响，所以促销人员千万不可忽视对方的情绪因素，要根据对方的情绪采取相应的洽谈策略。

1. 先摸准对方的情绪

如何辨别对方的情绪状态呢？下面介绍几种方法。

（1）情绪会通过人的面部表情、身体姿势等方面表现出来，所以促销人员要注意观察对方在这些方面的表现。

（2）通过对方的声音辨析。俗话说：“言为心声。”一个人说话的方式、语气、语调等，也会体现说话者的情绪。促销人员要仔细倾听和辨析，以便准确判断对方的情绪。

（3）投石问路。在许多情况下，洽谈的双方感情都不外露，相互间又缺乏一定的了解，摸准对方的情绪不是一件易事。这时促销人员需要先投石问路，待对方做出反应后再采取相应的策略。

2. 照顾对方的情绪

促销人员说话的方式要与对方的情绪相联系，要照顾到对方的情绪，这样才能保证促销人员所说的话达到理想效果。

（1）适应对方的情绪。如果促销人员面对的是情绪激动的洽谈者，最好的办法就是先使他冷静下来。如果这时促销人员也无法保持冷静，被他搞得心烦意乱，说话也是火气十足，那么洽谈就会陷入僵局了。那些适应能力很强、处变不惊的人才是真正优秀的洽谈者。

（2）不要与对方进行情绪化争论。当对方将一切都诉诸情绪化反应的时候，优秀的洽谈者总是避免发生情绪化争论，并千方百计地把话题引到实际问题中来。有时候，客气地重复对方的话，表示自己已经充分了解他的观点，同意他的看法，然后建议暂时休会，也是一种不错的方法。

3. 投其所好

心理学研究表明，如果一个人在对方所关心或爱好的事情上能成为他的伙伴或者支持者，那么双方间的感情就容易建立，相互间会产生信任和好感，从而易于合作。

促销人员可通过了解洽谈对手的特点和喜好，针对对手的洽谈风格，采取迎合其口味的策略，使其得到心理满足。对于那些情感型的洽谈者，促销人员可以适时说一些赞美、颂扬的话语；对于那些虚荣心较强的洽谈对手，针对其自我意识、自我表现欲较强的心理特点，促销人员可以为他创造自我表现的机会，让其尽情发挥。

在促销洽谈的过程中，促销人员要学会根据对方情绪说话，这样才有助于达到预期目的。

关键点提示

在洽谈中，促销人员要根据对方的情绪说话，为此需要：

1.先摸准对方的情绪；2.照顾对方的情绪；3.利用投其所好策略。

7.9 如何在促销洽谈中达到双赢

工作场景描述

当促销人员想在促销洽谈中达到双赢时，可查看。

解读与分析

传统促销重视短期交易，现代促销则主张通过双赢洽谈来满足彼此需求，使买卖双方在信任的基础上达成长期的合作关系。高效的双赢洽谈是促销工作中的重中之重。

1. 认识现代促销洽谈与传统促销洽谈的差异

传统促销洽谈如同打仗一样，一方的胜利总是伴随着另一方的失败；而现在所提倡的促销洽谈则注重“双赢”，如果一方要求低价购买产品，另一方就要想方设法地创造性地降低产品成本，或看自己能为交易成本的降低做点什么。

2. 不要把个人情绪带到促销洽谈中

当洽谈双方在产品价格、订货量、配送等方面产生分歧时，有时候会控制不住自己的情绪，发生争吵。这时，促销人员切记：争吵的应是促销洽谈中的具体问题，而不要涉及对方的人格，破坏彼此间的关系。促销人员不要因为憎恨对方的某种洽谈行为或者某些言语就憎恨对方，不要把个人的情绪带入促销洽谈中去。

当洽谈双方的关系影响到洽谈效果时，双方要立即解决关系问题。促销人员首先要向对方说明自己心里的想法，告诉对方自己为什么愤怒，并问对方为什么发脾气，然后一同解决问题。

促销人员不要因对方的无理就拼命攻击对方，也不要因对方的逼迫就妥协，必要时，可以建议双方暂停洽谈。促销人员要尽量用委婉的语气告诉对方自己的感受，如“我希望……”“如果……是对我们有帮助的”“我十分感激……”等。

3. 注重内在利益而非外在姿态

姿态代表着一种立场，是由内在利益引起的。一般情况下，谈判双方可根据不同内在利益提出不同要求，最终达成相互谅解。

了解对方的内在利益有两种方法。一是将自己置于对方的立场，询问自己为何要采取这样的姿态；二是询问对方衡量内在利益的标准是什么，比如风险、时间安排、看法等。促销人员在洽谈中要严于律己，宽以待人，在坚持自己的合理要求时，不要攻击或责怪对方。

4. 提出使双方受益的办法

传统观念认为促销洽谈的主要目的是为自己争取利益，如果对方获利过多，自己必然获利过少。其实，买卖双方完全可以寻找适当的突破点，找出能增加双方利益的方法，让双方都获利。

5. 找出客观标准，以帮助达成协议

采用客观标准避免了利益之争，使双方能够根据原则达成最终协议。促销人员要切记：洽谈中千万不要屈从于压力，而应服从原则。

总之，对以上几点的理解与把握，将有助于促销人员树立正确的洽谈观念，最终在促销洽谈中实现双赢。

关键点提示

进行双赢洽谈时需要注意以下几点：

1.认识现代促销洽谈与传统促销洽谈的差异；2.不要把个人情绪带到促销洽谈中；3.注重内在利益而非外在姿态；4.提出使双方受益的办法；5.找出客观标准，以帮助达成协议。

7.10　如何提高洽谈效率

工作场景描述

当促销人员想按步骤、有目的地高效实现洽谈目标时，可查看。

解读与分析

促销洽谈并非无章可循。促销人员按照如下的洽谈步骤，有计划、有目的地进行促销洽谈，将有助于交易的达成。

1. 在洽谈之初找出客户的真正需求

围绕客户需求进行洽谈能够引起客户的注意和兴趣。促销人员不要一有洽谈机会就拼命介绍产品、价格、优惠措施等情况。促销人员要通过适当的介绍和提问，让客户开口说话，判断出客户的真正需求。例如，“你们公司用什么样的复印机？”“如果机器经常卡纸，会给你们带来什么样的影响？”“您说黏合剂有问题，具体情况是怎么样的？”。

2. 洽谈时结合客户需求传递产品信息

优秀的促销人员需要在此阶段恰当、客观地向客户传递产品信息，千万不要信口开河，要努力把客户的需求和产品的特性结合起来。

（1）需求结合法，即根据客户的需求介绍产品特点，把产品优势与客户需求紧密结合。例如，“您刚才说新机器一定要功能齐全，价格低。我们这款机器集传真、打印、复印和扫描为一体，售价仅仅998元，特别适合您的需要。而且它还特别小巧，不会占用太多地方，品牌知名度也高。”

（2）逻辑结合法，即针对客户可能提出的异议进行理性分析，用讲道理的方法把产品信息传达给客户。例如，“我可以理解您的感受，价格虽然是决策的一个重要因素，但却不是唯一的因素，质量和服务比价格更重要，不是吗？”

（3）关系结合法，即利用各种关系拉近客户与促销人员的距离，然后在友好的氛围中进行产品介绍。例如，“摄影系的王主任打算订10台这款机器，你们导演系的情况和摄影系差不多，是否也打算订10台呢？”

3. 在洽谈中努力诱发客户的购买动机

诱发客户的购买动机，需要促销人员在了解客户需求的基础上，帮助客户明确问题、思考问题，寻求解决问题的方案。

（1）利用社会时下崇尚的健康合理的消费理念和流行的消费风气，诱发客户购买动机。例如，“现在人们都想吃绿色蔬菜，提倡无污染消费，机器设备当然也要用不损害人体健康的绿色产品。您看，我们这台显示器的辐射就特别小。”

（2）利用客户的需求和面临的问题，说服客户接受新观念，改变原有的消费习惯和态度，购买新产品。

（3）证明产品符合客户需求和愿望：通过社会知名人士或客户熟知的人对产品的评价进行证明；借助产品实物、模型或有关权威部门提供的检测结论进行证明；借助典型实例进行证明；向客户提供准确的成功范例。

4. 促使客户购买产品

促成销售时要树立“以客户为中心”的意识，不要强迫客户接受，避免急于求成、硬性促销的做法。常用的促成销售的方法有如下几种。

（1）通过提问询问客户感受。例如，“您对产品的质量还有什么问题要问吗？”“如果您认为产品质量没有问题，那么我们讨论交货问题好吗？”

（2）通过总结前面的意见和认识来促成交易。例如，“电梯运营最重要的问题就是安全问题，我们的产品在这方面提供了更好的保障，选择本品牌确实是一个明智的选择。如果大家对此没有异议，我们讨论交货问题好吗？”

（3）把已经介绍过的产品留给客户试用，促使客户购买。

总之，不管面对的是什么客户，促销人员都应当根据具体情况灵活进行促销。能否准确发现并把握客户需求，决定着交易能否成功。

关键点提示

要想提高促销洽谈的效率，需要注意以下几点：

1.在洽谈之初找出客户的真正需求；2.洽谈时结合客户需求传递产品信息；3.在洽谈中努力诱发客户的购买动机；4.促使客户购买产品。

7.11 如何在促销洽谈中挖掘客户需求

> 工作场景描述
>
> 当促销人员想通过系统、有效的询问挖掘客户需求，进而在此基础上达成促销协议时，可查看。

解读与分析

促销洽谈中重要的一点是必须找准客户的需求，而提问是明确客户需求的最好办法。下面介绍颇为实用的SPIN询问促销法，它有助于促销人员真正做到少说多听，逐步地实现洽谈的目标。

1. 通过情景性询问发现客户需求

通过情景性询问，促销人员可以大致了解客户需求，并能顺利过渡到具体的疑难问题上，但切记不要让客户有被盘问的感觉。

（1）摩托车促销人员："你们公司的生产厂房有多大？"

（2）电脑促销人员："贵公司有多少秘书？"

（3）房产促销人员："你们家有几口人？"

（4）微波炉促销人员："您喜欢做饭吗？你们出去吃饭机会多吗？"

2. 通过探究性询问确定客户需求

询问客户同本企业的产品相关的具体问题，发现他的抱怨、不满或困难，并努力让客户意识到这种问题如果不解决将带来的危害，以便让客户明白自己的处境，进而确认自己的购买需求。

（1）摩托车促销人员："你们经理在厂区视察时有没有抱怨过步行很不方便？"

（2）电脑促销人员："你们的电脑能充分满足秘书的需要吗？"

（3）房产促销人员："您是不是因为孩子多了，需要更大的空间？"

（4）微波炉促销人员："您对您现在使用的微波炉满意吗？是否需要做饭更快、

更方便的微波炉？”

3. 通过暗示性询问分析客户需求

这种询问的目的在于帮助客户考虑问题的潜在后果，帮助他认识解决问题的紧迫性，促使他寻求解决方案。需要注意的是，促销人员应该尽量让这种分析很具体，如“会失去××个客户”“会增加15%的成本”等。

（1）摩托车促销人员：“原来你们经理希望轻松愉快地在工厂视察。如果你们能够为他提供一种代步工具来减轻他的疲劳感的话，他是否因此会对你们的工作很满意？”

（2）电脑促销人员：“这个问题是不是说明由于操作复杂，你们的秘书并没有高效地使用该设备？”

（3）房产促销人员：“有了新生儿，家里又需要一个房间做办公室，您觉得您目前的住房状况会给您带来哪些方面的不便呢？”

（4）微波炉促销人员：“你们夫妇两人整天都在外工作，普通的厨房用具是不是用起来感觉很不方便？很多时候是否凑合着吃而不讲究营养均衡？觉得胃舒服吗？”

4. 通过解决性询问满足客户需求

在该阶段，促销人员要提出客户所提问题的解决方案并争取获得客户的承诺。解决性询问的目的是使客户的注意力从问题本身转移到解决方案上来，让客户认为促销人员的解决方案能让他真正解决自己目前面临的问题。

（1）摩托车促销人员：“如果我能解决你们经理费时费力视察工厂的问题，同时又能给贵公司节省开支，您感不感兴趣？”

（2）电脑促销人员：“如果有一种方法能够提高秘书的工作效率，您会感兴趣吗？”

（3）房产促销人员：“我能以较低的价格解决您目前的住房紧张问题，您感兴趣吗？”

（4）微波炉促销人员：“有一种方式能让您在家中方便地烹制出营养均衡的饭菜，您感兴趣吗？”

SPIN询问促销法是一种系统性的促销方法，看似简单，实则深奥，需要促销人员在实践中不断地总结提高。

关键点提示

运用 SPIN 询问促销法挖掘客户需求时，需要把握如下步骤：

1.通过情景性询问发现客户需求；2.通过探究性询问确定客户需求；3.通过暗示性询问分析客户需求；4.通过解决性询问满足客户需求。

7.12 如何在促销洽谈中向客户传递产品信息

工作场景描述

当促销人员想让客户认同并接受产品的价值，进而产生购买冲动和购买行为时，可查看。

解读与分析

成功的促销人员不应单纯地向客户促销产品，而应借助产品功能设置合理的诱因，设法唤起客户的消费欲望，促使客户为满足需要而主动购买产品。要想有效地向客户传递产品信息，促销人员必须做到以下几点。

1. 努力向客户宣传产品的使用价值

不同产品有不同的使用价值：电脑提高工作效率，保险避免经济损失，汽车可用于代步，洗碗机节省劳力，化妆品使人漂亮，彩票满足人发财的心理需要等。

促销人员不要拼命强调产品的性能和质量，而应注重宣传产品的使用价值。“这件衣服做工精细，质量很好”的说法已经不太适用，促销人员应当对客户说“这件衣服你穿上后给人感觉气质很好，显得人特别有精神”等。

2. 针对不同客户介绍产品不同的使用价值

任何产品都有其特定的用途和使用价值，促销人员要对产品的使用价值作恰如其分的分析，根据不同客户及其需求有针对性地进行宣传。

例如，四位客户购买汽车，其需求和目的就可能相差很远。第一位客户购买汽车可能是作为一项投资，第二位客户购买汽车可能是为了显示自身身份，第三位客户购买汽车可能是出于工作需要，第四位客户购买汽车可能是为了日常使用。

3. 把产品的使用价值与客户的需求相结合

个人总会遇到工作、生活、感情等方面的问题，组织总会遇到资金、效率、成本、管理方面的等问题，促销人员要不失时机地介入个人和组织的活动中，为其排忧解难。

例如，单纯推销电脑所能得到的订单屈指可数，而一旦向某学校或者企业提供解决方案，如建议企业采用合适的管理信息系统，一次就可以销售几十台甚至几百台电脑。

4. 对于无形产品，也要重视宣传产品的使用价值

金融、保险、咨询等领域的无形产品同样具有使用价值，促销人员要注意它们在使用价值上的特点。

例如，保险业的促销人员就应当宣传保险给客户心理和生理上带来的保证。专业的保险促销人员要根据客户的个人或家庭情况，判断出他们存在的风险，在进行一番全面分析后，再向客户宣传各个险种的使用价值，设计出符合客户需要的保险计划，并在最后为客户作详细的分析与评估。

在激烈的市场竞争中，为提高企业的竞争力，促销人员必须提高服务水平，把客户的需求放在第一位，时刻为客户着想。只有这样，才能真正地吸引并维系客户。

关键点提示

向客户传递产品信息需要注意以下几点：

1.努力向客户宣传产品的使用价值；2.针对不同客户介绍产品不同的使用价值；3.把产品的使用价值与客户的需求相结合；4.对于无形产品，也要重视宣传产品的使用价值。

7.13 如何在促销洽谈中运用语言技巧

工作场景描述

当促销人员想在促销洽谈过程中，通过语言技巧的运用来促成交易时，可查看。

解读与分析

促销人员需要好口才，很多人都认同这一点。但是能言善辩并不意味着就是洽谈的高手，促销人员如能掌握洽谈过程中的语言技巧，将有助于促成交易。

1. 在叙述中准确表达自己的观点

促销洽谈中叙述的语言技巧主要如下。

（1）运用转折用语缓和气氛，避免尴尬，多用“但是”“虽然如此，不过”“然而”等词语。

（2）运用解围用语突破困境，如“这样做对双方都不好”“再这样互相推托，最后不会有什么好结果”等。

（3）用语因人而异，如遇到儒雅的人多用“请”“既然这样，那么”等文雅、委婉的词汇，遇到豪爽的人多用“有话直说吧”“就这样吧”等词汇。

2. 在提问中发现客户需求

（1）用限制性提问减少客户拒绝，如“是不是”“对不对”“您选××还是××”等。

（2）用委婉提问探询对方虚实，如“这种产品功能还不错吧”“您觉得这种方案怎么样”。

（3）用启发性提问诱导客户，如“这产品利润是少了点，但薄利多销也不错，是不是”等。

（4）用协商性提问说服客户，如“您看这合同是否妥当”“这一点这样如何”。

3. 运用说服技巧达到目的

（1）洽谈开始后，促销人员要先讨论容易解决的问题，后讨论易起争论的问题。

（2）促销人员要努力把争论的问题和已解决的问题相结合，达成协议。

（3）促销人员要强调双方处境相同，而不要强调彼此间的差异，让客户产生心理认同，可以通过重复说明来进行强调。

（4）促销人员要说出一个问题的两个方面，并强调其中有利于客户的方面。

（5）促销人员不要让客户直接得出结论，要引导客户得出结论，在结论中彰显客户的利益，隐藏自己的利益。

促销人员只有叙事清晰、论点明确、论据充分，才能有力地说服客户，协调双方的目标和利益。促销人员要努力提高自己的语言技巧，保证洽谈的成功。

关键点提示

要想在促销洽谈中有效运用语言技巧，应掌握以下几点：

1.在叙述中准确表达自己的观点；2.在提问中发现客户需求；3.运用说服技巧达到目的。

7.14　如何在促销洽谈中应对客户的刁难

工作场景描述

当促销人员想在洽谈过程中避免与刁难型客户发生直接冲突，并“化敌为友”时，可查看。

解读与分析

并非每一个洽谈对手都致力于实现双赢，当促销人员与一个“不按套路出牌”的客户洽谈时，采取如下四种策略，将会有效地避免冲突。

1. 展望远景，变守为攻

当刚谈成一笔生意，正在浏览合同时，客户说："我认为包装太糟糕了，如果你们免去合同中的服务费，我们就继续谈。您觉得怎么样？"这个时候促销人员需要做的就是冷静地评价客户的问题，争取思考的时间，避免本能地进行反驳。促销人员可以看着客户的眼睛，说："实在抱歉，我想我还不明白您的意思。让我们看看过去是如何达成这个协议的。我们半年前开始讨论这笔交易，两个月前达成共识，对吗？当时您说……对吗？"

这其实是洽谈里面的"去阳台"策略，促销人员不直接回答对方的提问，而用远景展望和封闭性反问来"反攻"，从全局出发俯视整个洽谈，像旁观者一样冷静地评价冲突。

2. 面对不理智的客户时要多从对方角度考虑

客户不理智有他自己的原因，促销人员要理智地对待客户的不理智行为。

（1）不要攻击或拒绝客户。促销人员在倾听客户说话时尽可能同意客户的观点，承认他的权威和能力，以此来平息客户的愤怒和恐惧，解除其戒备，创造出有利于自己的气氛。

（2）要注意语言技巧的运用。促销人员即使不认同客户所说的99%的内容，也要对客户所说的余下的1%内容表示赞同，以示尊重。

（3）在洽谈内容上促销人员要尽可能表现出目的性和理性，迫使客户理智起来。

3. 面对客户的不合理要求，不要直接拒绝

面对客户的不合理要求，促销人员直接拒绝只会加强对方坚守自己立场的决心，正确的做法是强调双方的利益，转移客户的注意力。

（1）洽谈双方可以各自从对方立场出发，展开一次关于要求是否合理的讨论。

（2）在洽谈中促销人员要多用"怎么样""为什么"等词，而少用"是不是""对不对"等词，尽量多用开放式问题而不是封闭性问题来探求对方的立场。

（3）促销人员可以向客户提出一系列解决问题的方案，以缓和对方的态度。

4. 让客户也成为赢家

（1）在制订协议时，促销人员要尽力考虑客户的意见，让客户参与制订过程。

（2）协议的内容不仅要满足客户的物质需求，更要满足客户精神和心理上的需求。促销人员可以说，“您觉得怎样才会满意，不感到为难？”“你们觉得A方案和B方案哪一个更容易接受？”

（3）促销人员要逐步让对方接受协议，而不是一下子就提出来。比如，促销人员可逐字逐句地对协议进行评价，侧重讲述每一项条款对对方的益处。

（4）说服对方时，促销人员要给对方留足脸面。例如，“您放弃这一点是完全正确的，因为市场环境已经发生了变化。”如果对方还在坚持，不肯妥协，促销人员就要通过客观、善意的分析让对方明白达不成协议的后果。

总之，客户刁难促销人员常常是为了维护其自身利益，促销人员只要树立以客户为中心的意识，把客户的利益摆在首位，综合运用上述技巧，就能灵活处理客户的诸多异议。

关键点提示

面对客户的刁难时需要注意以下几点：

1.展望远景，变守为攻；2.面对不理智的客户时要多从对方角度考虑；3.面对客户的不合理要求，不要直接拒绝；4.让客户也成为赢家。

7.15　如何在促销洽谈中进行产品展示

工作场景描述

当促销人员想在促销洽谈的过程中运用合适的方法进行有效的产品展示时，可查看。

解读与分析

产品展示是促销洽谈的重要组成部分。根据促销人员控制谈话能力的不同，产品展示分为熟记式、公式式、满足需求式和解决问题式。

1. 通过熟记式展示激发客户需求，促成交易

促销人员在用此法展示产品的过程中，基本上是进行垄断式讲话，把千篇一律的促销词一口气讲完，不用关心客户心理需求，只是偶尔允许客户回答一下事先拟定的问题。

以下是微波炉促销案例。促销人员一来就向客户介绍应用微波炉如何节省时间。客户说不需要时，促销人员要继续强调微波炉的好处和优越性能，客户或许会听进去，但可能会质疑价格太高（把肯定的购买信号表述为异议）。这时促销人员可以讲解微波炉每年可节约的成本和便宜的维护费。客户说其他借口时促销人员也要努力就相关方面进行产品介绍，最后通过约定送货时间或者给予优惠等方式促成客户购买。

这种方式的优点是展示经过精心策划，能增强没经验的促销人员的信心，而且短时间内很有效，适合非技术性产品的促销，缺点在于展示的产品优点对客户而言或许并不重要，客户参与机会少，不适合技术性产品的促销，而且易被人认为是高压促销。

2. 通过公式化展示劝说客户购买

所谓公式化展示，就是促销人员在了解客户有关情况的前提下，对相似客户群用相似的展示方法进行产品展示。促销人员开始时控制着谈话，中间进行互动交流，快结束时继续控制谈话局面，促成交易。

该方法适用于客户比较熟悉的知名品牌消费品的促销。应用此法促销人员可以说服客户购买正在促销的产品、参与当地广告宣传活动或者刚上市的新产品。如果客户最近刚买过此产品或者对此业务了解较多，这种方法更有效。

3. 通过满足需求式展示挖掘客户需求，满足其需求

洽谈进程的前面60%的时间，都是促销人员和客户在进行双向交流、沟通，以此挖掘客户的需求，在最后需要促成购买时促销人员控制谈话局面，满足客户需求，促成交易。

以下是电动车促销案例。促销人员在和客户的沟通中，通过询问厂房有多大、路途的远近、客户步行是否辛苦、客户是否喜欢步行等问题来验证客户的需求，然后在介绍产品时对这些问题进行详细说明，控制谈话局面，促成交易。

4. 通过解决问题式展示促销高端产品

解决问题式展示适用于复杂或技术性强的产品，如保险、工业设备、会计系统、电脑等产品的促销。促销人员通常需要通过多次访问来制作适合客户情况的详细分析方案。完备的分析方案制作完成后，促销人员只需要通过书面分析和口头展示来简单介绍产品就可以了。

这种方式通常包含以下几个步骤：说服客户允许促销人员对其需求状况进行分析；对客户的需求进行认真分析；就存在的问题达成协议，确定客户需要解决的问题；提出解决客户问题的建议；根据分析和建议准备促销展示；进行促销展示。

总之，促销人员要根据自身情况选择合适的方式并将其融合在自己的促销活动中，要灵活运用各种方式并使之成为一种习惯，这样促销人员的产品促销能力将会迈上一个新台阶。

关键点提示

促销洽谈中进行产品展示的方法有：

1.通过熟记式展示激发客户需求，促成交易；2.通过公式化展示劝说客户购买；3.通过满足需求式展示挖掘客户需求，满足其需求；4.通过解决问题式展示促销高端产品。

7.16 如何在促销洽谈中提高产品展示效率

工作场景描述

当促销人员想通过方法、技巧的运用使产品展示更有效时，可查看。

解读与分析

1. 按步骤进行产品展示

（1）运用FAB（Feature——属性，Advantage——优点，Benefit——利益）法则详细介绍自己的产品。促销人员需要从头到尾都强调产品对客户利益的满足性。

（2）详细介绍产品的配送模式和销售流程。促销人员要向中间商介绍如何转售，向客户介绍如何使用等。

（3）促销人员要针对客户具体情况，详细阐述各种建议，突出购买该产品的好处，如有效降低成本、大幅增加利润等。

2. 通过劝导性沟通传递产品信息

劝导性沟通要求促销人员以积极热情的心态，在客户信任的基础上通过恰当提问、有效聆听向客户传递简化的产品信息。

相关技巧如下：促销人员通过提建议进行劝导；把客户关系私人化；使用微笑等非言语方式交流；控制住产品展示的局面，不要见到客户就送宣传册，因为有的客户喜欢聆听，而不是翻阅；要有外交手段，不要和怒火中烧的客户直接对话，当客户因自身操作不当而引起问题时可先“走为上策”；在谈话中努力制造悬念；多用明喻、暗喻、类比等手法。

3. 运用适当手段激发客户参与展示

促销人员可以通过应用以下几种方法促使客户参与展示：提问，产品试用，应用可视辅助工具，示范演示。促销人员可让客户亲自参与一些简单的展示过程，在展示中让客户提问。

如果促销的是音响，就让客户看、听、摸；如果促销的是食品，就让客户看、闻、尝；如果促销的是服装，就让客户看、摸、穿。

4.运用辅助工具证实产品效用

可供选择的辅助工具：相关图表宣传册、模型、幻灯录像等。促销人员可以借用辅助工具并使用如下方法来证实产品效用。

（1）证明真实可信法：介绍过去的促销业绩，为产品提供售后服务承诺，展示鉴定书、调查报告、研究结果等。

（2）运用戏剧化展示法：促销人员通过惹人注目、夸张的方式展示产品。例如，促销丝袜时，可用针刺丝袜并来回滑动，以显示其难以被划破；促销防震玻璃时，可用锤子砸玻璃，以显示其防震效果。

5. 灵活处理展示尴尬

沉着冷静、随机应变是处理展示尴尬的最好方式，但在实际操作中却很难做到。例如，促销人员在展示玻璃杯结实时却摔坏了玻璃杯，可以说："像这样的杯子，我就不卖给您。"

总之，产品展示是促销工作中的重要一环，高效的产品展示能够提高客户的购买兴趣，促使交易达成。优秀的促销人员需要在平时的工作、生活中多说多练，把上述展示技巧固化为自身行为的一部分。

关键点提示

提高产品展示效率的方法有：

1.按步骤进行产品展示；2.通过劝导性沟通传递产品信息；3.运用适当手段激发客户参与展示；4.运用辅助工具证实产品效用；5.灵活处理展示尴尬。

第8章

客户异议处理与成交常见问题

在促销过程中，促销人员常常会面对客户的异议。客户提出异议是促销活动中的一种正常现象，促销人员不能一听到客户提出异议就情绪激动，与客户争辩。促销不是一场辩论赛，辩赢客户，就会输掉订单。促销人员要冷静、理智地对待客户的异议，通过察言观色分析客户异议背后的真实原因，进而采取有针对性的沟通和说服技巧，化解客户的异议，促成交易。

8.1　如何提高处理客户异议的效率

工作场景描述

当促销人员想提高处理客户异议的效率时，可查看。

解读与分析

促销人员的产品展示并不总是符合客户的要求，当客户用自己的选择标准去衡量促销人员的促销行为时，常常无法认同，异议也就随之产生了。促销人员要想高效而顺利地处理客户异议，必须把握如下步骤和原则。

1. 预测客户异议并做好相应准备

（1）在进行促销洽谈和产品展示前，促销人员不仅要考虑客户购买产品的原因，也要考虑他们不买的原因。促销人员要根据过去的经验把客户异议分为主要方面和次要方面，并进行有针对性的筹划和演练。

（2）在客户提出异议之前就抢先行动。如下策略可供参考。

①用证明材料阻止客户提出异议，避免客户带着消极情绪洽谈。比如，促销人员的竞争对手告诉客户促销人员所在企业的油漆在8个月之内就开始剥落，促销人员可以在会见客户时用相关测试报告证明自己所在企业的油漆8年也不会剥落。

②在客户指出产品不足之处之前主动说明。促销人员自己承认产品的不足之处，客户也就不会提出这方面的异议了，自己也就不必进行辩护了。比如，促销人员在客户去看样板间的时候告诉他，墙壁有个地方需要粉刷一下，某个水龙头昨天被重物压得松动了。

③把异议自夸一下，再把它变为促销优势。电脑促销人员可以说："我觉得有一件事情很有必要提及。这台电脑价格高是因为它具备同类其他产品所不具备的性能，这种性能能够提高您的工作效率，减少维修成本。"

2. 正确面对客户异议

（1）尊重客户异议。首先，不论客户异议有无道理和有无事实依据，促销人员都要以温和的态度和语言表示欢迎；其次，促销人员要善于倾听客户异议，在良好的气氛中让客户畅所欲言，充分发表意见，不要轻易打断客户讲话；最后，在提出对异议的处理意见之前，促销人员可沉思片刻，让客户感觉促销人员重视这个意见并经过了认真考虑。

（2）永不争辩。促销洽谈中要避免与客户争论，更不允许争吵。促销人员首先要承认客户是合作伙伴，而不是与自己抗争的敌人；其次，要树立“客户总是有道理”的观念，但这不等于说促销人员是无理的，也不是说客户总是正确的。抱怨有时是错误的，异议也常不合理，但内容的错误不等于客户行为的错误。

（3）维护客户自尊。促销人员不要因为对方的偏见而故意贬损和羞辱对方，要让其在不知不觉中接受自己的观点和意见。

（4）强调客户受益。异议的产生常源于客户对未来风险的担忧。促销人员要从客户立场出发，向客户说明购买产品所能得到的好处和需承担的相应的风险。例如，对企业客户强调“降低成本”“增加效益”，对中间商强调“进货价格低”“产品质量优”，对消费者强调“便利”“使用效果好”等。

3. 针对不同异议采取相应措施

（1）客户以借口应付促销人员时，促销人员要找出客户的真实动机。有的客户自己没有购买决定权，就推说产品质量有问题，或说考虑考虑再作决定。对此，促销人员要给客户一个台阶下，以便了解客户借口背后的真实动机。

（2）客户有意见时，促销人员要积极回应。客户想接受产品，但是从自身利益出发，对产品和购买条件（如对产品功能、价格、售后服务、交货期等），提出了异议并要求探讨。对此，促销人员需要有针对性地说明产品相关信息，郑重地对客户做出承诺。掩饰不足或回避问题将导致促销的失败。

（3）客户有偏见时，促销人员要巧妙引导。当客户提出缺乏事实依据的不合理意见时，促销人员要进行委婉劝导，使客户对产品有正确的认识。例如，客户认为保健品价格高，促销人员可以附和，说确实高了一点，然后话锋一转，解释说服用保健品能增强体质、减少病痛、节省医疗费用，总体还是合算的。

总之，客户异议多种多样，促销人员需要对此做出相应的分析和预测，才能大大提高自己在促销洽谈中的应变能力，妥善处理好客户异议，进而促进销售。

关键点提示

处理客户异议时要注意如下步骤和原则：

1.预测客户异议并做好相应准备；2.正确面对客户异议；3.针对不同异议采取相应措施。

8.2　如何把握处理客户异议的时机

工作场景描述

当促销人员想知道客户异议处理的最佳时机时，可查看。

解读与分析

客户异议可以在任何时间和任何地点出现，但处理客户的异议需要选择适当的时机。把握如下技巧，将能提高促销人员处理客户异议的效率。

1. 对能预测的异议要预先回答

促销人员要善于预测不同类型的客户会提出哪些不同的异议，客户对各种产品会产生哪些异议，在访问前认真做好准备。这样，当促销人员在洽谈中觉察到客户会提出哪些异议时，就可以抢在客户前面主动地做出解答。

2. 对特定情况下的异议可以延缓回答

并非所有的客户异议都是处理得越快越好。在某些情况下，将客户异议滞后处理效果会更好。

（1）当促销人员遇到技术性、专业性很强的问题，自己不能立即给客户一个满意的答复时，可以把问题暂时放下，并把原因坦率地告诉客户。促销人员在请教专家、查找资料之后再将解决方法告诉客户，这样会让客户认为促销人员对待意见非常认真、慎重，值得信赖。

（2）客户开始时对产品了解得很少，随着洽谈的深入，客户的异议会越来越少或消失，所以促销人员开始时不要立即回复客户异议，因为这样会影响促销内容的阐述并且阻碍促销计划的实施。促销人员应向客户表示稍后会给予明确的答复，然后转换话题，把握洽谈的主动权，促进销售目标的实现。

（3）当洽谈气氛不是很和谐时，促销人员不要立即反驳客户提出的异议。促销人员可对洽谈进程进行“冷处理”，增加一个过渡阶段，这样能避免客户生气，增强洽谈效果。

3. 对偏颇、偏激、恶意的异议不予回答

有的客户因动机不良、自身偏见或性格怪异，常提出怀有恶意的、偏颇的、古怪偏激的异议。促销人员对此可以避而不答，不必回答不等于不能回答，促销人员关注的应是客户对产品的合理异议。

4. 对合理异议要及时回复

一般来讲，促销人员对客户的大多数异议都要及时回复。及时消除异议能减少客户的对抗心理，使客户集中注意力，形成良好的沟通气氛。回复客户异议时，促销人员需要灵活应变，要运用善辩的口才、丰富的知识和一定的临场经验。

总之，在处理客户异议时，优秀的促销人员需要借鉴如上技巧，在实践中不断探寻摸索，以便找到合适的异议处理时机。

关键点提示

要想把握好客户异议处理的时机，应掌握以下内容：

1.对能预测的异议要预先回答；2.对特定情况下的异议可以延缓回答；3.对偏颇、偏激、恶意的异议不予回答；4.对合理异议要及时回复。

8.3 如何运用适当方法处理客户异议

工作场景描述

当促销人员面对客户异议而不知道采取什么办法来灵活有效地处理时，可查看。

解读与分析

导致客户产生异议的原因多种多样，客户异议的表现方式千奇百怪。促销人员需要灵活使用各种手段，采取适当方法，有针对性地处理客户异议。

1. 直接反驳客户异议

（1）适用场景：适合处理误解、固有成见、信息不完整等原因导致的有明显错误、漏洞、自相矛盾的异议。

场景一。

“你们的产品太贵了。”

“您看这里的报价单，和同类企业比起来，我们的价格属于中等偏下的，但是质量却有保证。”

场景二。

“我们公司的市场主要在西亚，没有必要在你们这份国内杂志上做广告。”

“我们的杂志有不同版本，您看，这个版本的广告客户就来自西亚。”

（2）优劣势：用科学合理的论据论述问题能增强客户信心，避免浪费时间，但也容易伤害客户感情，使其产生抵触情绪。

（3）注意：反驳客户异议时要从客户立场出发，有理有据，让对方心服口服，不要强词夺理。

2. 间接否定客户异议

间接否定法也叫“但是”处理法，是指承认客户异议的合理部分，否定不合理部分的处理方法。

（1）适用场景：客户因为有效信息不足而产生的片面异议，而且客户能够自圆其说。

场景一。

“你们的产品太贵了！”

“的确价格不低。但是，它节约了生产成本，提高了效率，从性价比来看，还是很划算的。”

场景二。

“上次您多收了我的钱。”

“我理解您的心情。但这是由于贸易和现金折扣、交通费用波动太大。我敢保证，在和您情况类似的客户中，给您的优惠是最多的。”

（2）优劣势：先与客户的立场保持一致，有利于缓和气氛，但会削弱客户的购买信心，转换了话题，可能会让客户感觉促销人员圆滑。

（3）注意：促销人员要学会不动声色地转移话题。

3. 通过补偿平衡客户异议

（1）适用场景：客户的异议无可辩驳，产品本身也不是尽善尽美，与竞争产品相比确有劣势。促销人员坦率地承认问题，提出优惠措施，使客户损失得到充分补偿，平衡客户心理，增强其购买信心。

场景一。

“虽然这款炊具很好，但是我仅能获得5%的利润。”

“的确，这是一款优秀的炊具，不过您也能获得该产品在该地区的独家经销权，没有人和您竞争。您觉得怎么样？”

场景二。

“这批冬装10月份后才能销售出去，提前两个月进货，不利于资金周转。”

“现在进货可以享受7折优惠，算算看，还是很划算的。”

（2）优劣势：不直接反驳客户异议，承认缺点，突出优点，促成交易，但对客户异议的肯定会增加洽谈的难度。

（3）注意：此法运用的前提是补偿的利益要大于异议涉及的损失，促销人员劝说时要淡化异议，强调产品优势和补偿的好处。

4. 通过询问化解客户异议

（1）适用场景：很多时候客户的异议与他内心的真实想法并不一致，客户提出异议的动机很难判断，促销人员通过询问找出客户提出异议的动机，有利于“对症下药”。

场景一。

“你们的产品价格不贵，但是我还不想买！”

“您认为东西便宜，为什么现在不买呢？”

场景二。

“这房子没有昨天我看到的那套好！”

“您能告诉我为什么吗？”

（2）优劣势：促销人员能掌握更多信息，让客户感觉受到尊重，但可能引发客户反感，耽误时间，破坏洽谈气氛。

（3）注意：促销人员要及时询问并紧紧围绕客户的有关异议，避开次要、无关的客户异议，同时追问要适可而止。

处理客户异议还有不理睬法、使用证据法、旁敲侧击法、有效类比法等，促销人员要根据具体情况灵活运用各种方法并进行创新，以争取创造好的促销业绩。

关键点提示

处理客户异议的方法有以下几种：

1.直接反驳客户异议；2.间接否定客户异议；3.通过补偿平衡客户异议；4.通过询问化解客户异议。

8.4 如何处理客户价格异议

> **工作场景描述**
>
> 当客户说“价太高”“买不起”“打折吗”时，可查看。

解读与分析

客户提出的价格异议是促销洽谈中非常重要的因素。促销人员应当通过收集非语言信息、提问、倾听以及积极回答问题来处理价格方面的异议。

1. 处理客户价格异议的策略

（1）先谈价值，后谈价格；多谈价值，少谈价格。促销人员要让客户充分认识到产品的价值及购买能够带来的利益和方便，一般在洽谈的末尾谈论价格。

（2）把握让步的策略：不做无意义的让步；一次让步不要太多；小问题自己主动让步，大问题力争对方让步。

（3）运用心理策略。促销人员向客户说明报价是出厂价或最优惠的价格，暗示不可轻易还价，还可以尽量用小单位报价。

2. 处理客户价格异议的方法

（1）分解价格。促销人员根据产品的使用寿命把产品的价格分解为细小的单元；与竞争产品相比较，向客户说明尽管产品功能相同，但由于使用年限长，使用成本就非常低。

（2）通过比较强调产品特性。虽然产品价格高，但与那些客户关注度很低的产品相比较，它具有其他竞争产品所没有的特性。

（3）推荐较低价的产品。促销人员推荐时不要贬低低价产品的品质。

（4）强调促销投资回报。促销人员可通过购买产品后获得的产品收益与投资的比较，强调客户获得的利益。

（5）给客户最后的机会。促销人员可告诉客户这是他们最后做决定的机会，可以提醒客户产品马上要涨价或者促销活动马上要结束。

3. 应对客户价格异议的语言技巧

（1）客户：“您的产品价格太高！”

促销人员可作如下回答：

①“与什么相比？”

②“您觉得它值多少钱？”

③“我们可以马上降价，不过我们要砍掉一些服务，您觉得如何？”

④“我们产品的价格是比竞争产品高，不过它物有所值……”

⑤“太高是多高？如果能便宜些，您想要吗？”

（2）客户：“我买不起！”

促销人员可作如下回答：

①“如果产品我给您介绍一种方法让您买得起，您会感兴趣吗？”

②“我觉得您不买该产品才会损失很多。您通过它获得的利益远比成本高！”

③“想想没有它您可能失去的一切，可能减少收入，增加成本，损失更大，让我们讨论一下怎样才买得起它，如何？”

（3）客户：“给我10%的折扣，我今天就下订单。”

促销人员可作如下回答：

①“我报的是最优惠的价格。”

②“如果您给我一份订购10件产品的订单，我就给您这么大的折扣，您想订10件吗？”

③“我们的价格和产品质量、服务是相称的。我们可以给您价格低的产品，但那样对你们不划算。我们让您100%满意，而不是90%。”

总之，不要害怕价格异议，促销人员要进行充分的准备，要努力让价格成为促销洽谈的次要因素，让客户明白自己的产品尽管不是最便宜的，但是考虑到它的优势和所提供的服务，一切都物有所值。

关键点提示

处理客户价格异议时要把握以下几个方面：

1.把握好处理客户价格异议的策略；2.把握好处理客户价格异议的方法；3.运用适当的语言技巧应对客户提出的价格异议。

8.5 如何处理货源式客户异议

工作场景描述

当客户说“想从别处买”“想与知名公司合作”时，可查看。

解读与分析

当客户对促销人员说“对不起，我不想从您这里购买”“我觉得B公司更有名望，我更愿意和它合作”的时候，或许促销人员会非常尴尬。掌握如下技巧，将有助于促销人员找到应对尴尬的有效方法。

1. 通过定期访问消除客户的心理偏见

货源式客户异议的产生，是由于客户的购买经验或购买习惯使他可能不喜欢他刚接触的促销人员或促销人员所在的企业。促销人员需要对客户提出的问题表现出真正的关心，通过多次接触、反复联络来增进彼此间的感情，争取先探探情况，搞个小订单，不要试图马上做好所有的事情。

促销人员可以对客户说：“我尊重您的选择，我想您已经听到了关于我们新产品的介绍，将来我们还会有合作的机会。以后我会定期来拜访您，介绍我们的新产品，让您接触最前沿的东西，您看可以吗？”

2. 通过例证证明产品的实力

客户认为产品没有名气，促销人员就可以用相关材料证明产品材料上乘、制作精良、款式新颖，出示企业资质证明、产品技术认证证书、获奖证书以及知名企业的订货合同等资料，以此消除客户顾虑，获得其认可。

3. 向客户指出采用多货源策略可让其获益

客户喜欢现在的供货商或者促销人员，并对这种现状表示满意，促销人员就应该向其指出采用这种单一货源策略的危害性和风险性：如果供货单位一时失去供货能力，企业将遭受巨大损失。而采用多货源策略可以增强企业采购的主动性，企业可通过对不同货源的产品质量、价格、服务、交货期等进行多方面比较分析，择优选购，即使某个货源出问题了，也不会中断供应。

4. 利用语言技巧处理货源异议

（1）当客户说“对不起，我们不想从您这里购买”时，促销人员可以运用如下语言技巧。

①“为什么？您有这种想法肯定有什么原因，您能告诉我是什么原因吗？”

②“我们怎样做才能赢得您的信任？”

③“您愿意和我们公司的其他人合作吗？是我有什么问题使您不愿意与我们公司做生意吗？”

（2）当客户说“我与B公司合作已经很久了，他们名气大，我为什么要变动呢”时，促销人员可以用如下回答进行应对。

①“是啊，客户都觉得和老朋友合作更安全、放心。但是一旦他们出了问题，损失的是你们的利益。采用多货源策略就完全可以避免这种情况，让您能择优选用，这有什么不好的呢？”

②“我只能说竞争者不错，如果我是您，我也会和他们合作，但您想不想以更优惠的价格购买更好的产品呢？”

③“我们一起来分析一下原因吧。把赞成和反对从我们这里购买的原因列出来，然后我们逐一探讨，好吧？

总之，处理客户货源异议如同“虎口夺食”，面对强悍的竞争对手，促销人员需要有极强的耐心和高明的技巧。记住，对客户进行缓慢渗透是上上策，不要奢望一下子就获得客户的彻底信任。

关键点提示

处理货源式客户异议时应掌握以下几个方面：

1.通过定期访问消除客户的心理偏见；2.通过例证证明产品的实力；3.向客户指出采用多货源策略可让其获益；4.利用语言技巧处理货源异议。

8.6 如何处理敷衍式客户异议

工作场景描述

当客户说“我要想想”“我太忙”“以后再说吧”“等等再买”“看看再买”等时，可查看。

解读与分析

在促销实践中，客户借故推托的敷衍式异议常多于实际异议。促销人员要提高察觉客户真实意愿的能力，同时要掌握如下语言技巧。

1. 客户说“我要好好想想”“我再考虑考虑”时要注意引导

如果客户仅仅是随口说说，那么促销人员要提醒他先认真思考一下；如果客户真的在思考，促销人员就要对他进行引导，不要让客户越思考越觉得产品不合适。促销人员可以用如下语言技巧对客户进行引导。

（1）“趁您现在刚开始考虑这个问题，让我们一起来想想。您想了解哪些情况？”

（2）“的确，您需要时间考虑，我能理解。我有兴趣听一下您具体的赞成意见和反对意见。”

（3）“从我们第一次见面开始，我们就一直在考虑这个问题，您喜欢这个产品，它又能增加公司效益，不是吗？我们再谈谈……”

2. 客户说“我太忙”“请与 × × 谈”时不要轻言放弃

客户的心态是多种多样的，敷衍促销人员时常带有推托、鄙视的意味。促销人员要努力争取与客户洽谈，不要轻言放弃，可以试试如下语言技巧。

（1）“我知道您很忙。什么时候我们可以洽谈几分钟？”

（2）“× ×有权力批准订货吗？如果有，那么您能否给他打个电话，告诉他我们将去拜访他呢？我会告诉他是您让我来的。若没有，那么，我为什么还要和他谈呢？”

（3）“我几乎没有和× ×这位采购经理打过交道。这是一个非常重要的决定，需要您的参与。我们谈几分钟就可以。”

3. 客户说“等等再买”“以后再说”时要穷追不舍

也许客户真的要买，他仅仅是由于资金紧张或者别的原因才说“等等再买”“以后再说”等类似的话。如果促销人员真的一直等下去的话，常常会杳无音讯。促销人员运用穷追不舍的策略，可以深入地探究客户的真实心态，进而有针对性地展开促销。相关语言技巧如下。

（1）“为什么呢？具体等到什么时候？”

（2）“之前我的一些最好的客户也说等等，可是他们买了之后，就对当初的等待感到后悔。”

（3）“您是说您今年秋天就买吗？”如果客户说“是”，接着说：“好吧，我们今天订好货，10月1日我把货送到。”“太好了！我可以9月或者10月再来拜访您，那时我们把事情定下来，如何？”

（4）“我现在把货送给您，等到秋天您再付款，如何？”

（5）“目前购买可以享受优惠的价格，而且我们的货已不多，如果犹豫就会被别人买走。”

总之，促销人员要以积极乐观的态度面对客户的敷衍式异议。要明白，处理敷衍式客户异议的目标是帮助客户现实地考察现在买与不买的利弊，真实地告诉客户他现在不购买产品所带来的损失，诚信将赢得客户的尊重和信任，而这正是促销中尤为重要的一点。

关键点提示

处理敷衍式客户异议时应掌握以下几个方面：

1.客户说“我要好好想想”“我再考虑考虑”时要注意引导；2.客户说“我太忙”“请与××谈”时不要轻言放弃；3.客户说“等等再买”“以后再说”时要穷追不舍。

8.7 如何处理不需要式客户异议

工作场景描述

当客户说“不感兴趣”“某产品很好”“满意已有产品”等时，可查看。

解读与分析

“实在抱歉，我不需要这种产品”“我对它不感兴趣，谢谢您的介绍”，当客户礼貌地说出这些话时，促销人员不应该在说一声“谢谢”之后掉头就走，扫兴而归，而应该学会用如下技巧去坦然面对。

1. 客户说“我不感兴趣”时要通过提问刨根问底

（1）“您能告诉我为什么吗？”

（2）“如果我是您，我也不会感兴趣，但是当您知道……的时候，您一定会感兴趣的！”如果客户仍说“不”，可以说：“那我们什么时间再谈一下吧，您觉得是下午3点好呢，还是5点好？”

（3）“我的一些老客户一开始也这么说，但是他们一旦发现……就后悔没有及时购买我们的产品。”

2. 客户说“现在用的产品很好”时要善于比较

（1）“哪个更好？”（对待理性的客户，要用此法让他列出两种产品的特点，并指出自己产品与之的相同点和优势。）

（2）“与什么相比很好？”

（3）“很多客户也对我这么说，那是因为他们没有发现这个产品能够……”（巧妙转入产品介绍。）

（4）“他们的产品给您留下的最深的印象是什么？”（然后有针对性地反驳。）

（5）“您指的是质量、服务、特点吗？其实……”

3. 客户说“我不想冒风险”时要排除客户的顾虑

（1）“您说的风险指的是哪些方面？您觉得风险大吗？”

（2）“什么情况让您觉得有风险？”

（3）“您觉得我们怎样做才能排除您的顾虑，消除您的风险，让您觉得安全呢？”

（4）“实际上根本没有什么风险。用老设备，你们会付出更多的成本，冒更大的风险，您看新产品在安全性方面……”

4. 客户说“我想买旧的，不想要新产品”时要更新其观念

（1）“您买旧产品的风险更大，别人可能用过，而且维修困难，成本太高，效率低下。您为什么还要继续别人当初的错误选择呢？您没有必要为别人的错误承担风险！”

（2）“的确，看上去您节约了几百元的费用，但您必须支付额外的服务费、修理费、停工损失费等，您更愿意怎么做呢？”

（3）“我的一个老客户当初也打算买旧的，但是他知道××工厂的事情后马上就放弃了这个想法。让我来告诉您他选择新产品的原因吧！”

不需要式客户异议很难应对，因为它可能掩盖了客户的真实心态，对此促销人员需要练就“火眼金睛”，在与客户互动沟通的同时，主要通过提问来探询客户的真实意愿，排除不需要式异议。

关键点提示

处理不需要式客户异议时应掌握以下几个方面：

1.客户说“我不感兴趣”时要通过提问刨根问底；2.客户说“现在用的产品很好”时要善于比较；3.客户说“我不想冒风险”时要排除客户的顾虑；4.客户说“我想买旧的，不想要新产品”时要更新其观念。

8.8 处理完客户异议后促销人员应怎么做

工作场景描述

当促销人员处理完客户异议，而不知道如何开展下一步工作时，可查看。

解读与分析

当促销人员运用各种方法处理完客户异议，下一步应该做什么呢？如下方法将帮助促销人员解决这方面的疑问。

1. 处理完客户异议后立即征求客户意见

处理完客户异议后，促销人员需要对结果进行确认，看自己是否彻底解决了客户的疑问，可以通过试探成交法对客户进行询问。

（1）“这个问题已经得到了彻底解决，是吗？那么我们进入下一个议题吧！”

（2）“不知道我刚才的回答您是否满意？”

（3）“就这个问题，我提出了处理的办法，您同意我的观点吗？”

（4）“现在这个问题全部解决了，是吗？”

2. 确认消除客户异议后回到展示

当促销人员确认客户异议已经消除时，可以说“正如我们前面讨论的那样”，然后顺利回到先前的展示中。

3. 确认消除客户异议后提出成交请求

如果客户异议是在成交期间出现的，消除异议后促销人员应该继续提出成交请求。

促销人员可以用一个手势表明洽谈接近尾声，也可以说“正如我们刚才讨论的那样，您喜欢该产品……”之类的话，简要概括前面的讨论，然后要求客户订货。

4. 不能消除客户异议时可直接要求成交

并不是所有客户异议都能消除。当有些客户异议不能消除时，促销人员可以返回展示过程，强调产品的特点、优势，然后介绍产品的长处如何大于不足。

如果确信自己不能消除客户异议，而且客户也不放弃，促销人员可直接往下进行，要求成交。永远不要害怕客户拒绝，因为客户否定的是促销人员的产品，不是促销人员本人。

总之，促销洽谈的每一步都应该精益求精，尽善尽美。要记住，促销的过程也是一个自我展示的过程，不要给客户留下不快，也不要给自己留下遗憾。

关键点提示

处理完客户异议后应：

1.处理完客户异议后立即征求客户意见；2.确认消除客户异议后回到展示；3.确认消除客户异议后提出成交请求；4.不能消除客户异议时可直接要求成交。

8.9　如何做好成交前的准备

工作场景描述

当促销人员想通过充足的准备使整个成交过程更加顺利时，可查看。

解读与分析

常言道："有备无患。"充足的准备对什么活动都是必要的。在促成交易时，促销人员更需要从以下方面对自身进行审视，以便未雨绸缪。

1. 做好前期洽谈，传递有效信息

成交是促销洽谈的有效延续。因此，做好前期的铺垫工作尤为重要。

（1）促销人员要有效地向客户介绍产品知识，要从客户的角度和利益出发，充分考虑客户的需求和顾虑，完整地介绍产品情况，并有针对性地提出成交建议。

（2）促销人员要努力让客户听明白自己的话，信息愈全面，客户愈容易明白促销人员的意思。

（3）促销人员要处理好客户异议，不要客户一说"不"就停下。

2. 做好前期准备，避免沟通中断

在促销洽谈的关键时刻，一个电话、一阵敲门声都会造成沟通中断。电话或者来人会扰乱客户的思路，如果客户因此对促销人员促销的产品产生排斥，那么促销人员前期所做的一切工作都将白费。因此，促销人员要在促销洽谈或者成交时刻找个安静的地方，排除他人干扰，避免沟通中断。

3. 做好成交策划，巧妙运用策略

促销技巧并非"万金油"，不能随意使用。很多时候促销人员要针对客户的情况制订详细的促销策略，做好准备。比如，美国实业家、亿万富豪霍华德·休斯与飞机制造商谈判时就用了"红脸白脸"策略。他自己去谈判时用傲慢的态度提出了很多几乎无理的要求，后来，他又派另一位温和的代表去谈判，每次对方提出异议时，这位温和的代表就说："要不把这个问题留给霍华德·休斯先生解决？"对方怕遇到麻烦，只好一再妥协。霍华德·休斯从中获利颇多。

4. 识别购买信号，把握成交时机

当客户打算购买产品时，他在言行方面会有一些独特的表现。比如，客户会提出"我最早能在什么时候得到产品""售后服务怎么做"等问题，征求别人的意见，态度变得友好，仔细检查产品等，这些都是成交的前兆。

5. 树立正确心态，不要轻言放弃

很多促销人员怕客户在成交时说“不”，对客户的拒绝有天然的恐惧感。对此，促销人员需要转变自己的观念，要明白，人都是平等的个体，客户有权利对促销人员说“不”，自己是在帮客户解决问题，而不是乞求客户的施舍。促销人员要通过调整心态和训练自己的心理承受能力，不断争取成交，相信付出最终会有回报。

总之，交易的达成并非轻而易举的，它是前面促销洽谈过程的延续，也是促销活动的最好结果。良好的前期洽谈和成交准备，再加上对成交时机的准确把握和正确心态的培养，促销成功也就水到渠成了。

关键点提示

成交前需要做好如下准备：

1.做好前期洽谈，传递有效信息；2.做好前期准备，避免沟通中断；3.做好成交策划，巧妙运用策略；4.识别购买信号，把握成交时机；5.树立正确心态，不要轻言放弃。

8.10　如何提高成交效率

工作场景描述

当促销人员想避免促销洽谈中出现障碍，使成交更为顺利时，可查看。

解读与分析

成长难免有创伤，促销也难免有障碍。学习如下技巧，将有助于促销人员跨越促销中的障碍，提高成交效率。

1. 避免讲述太多，多提问题，发现客户需求

很多促销人员喜欢连珠炮似的向客户讲述产品利益，且自我感觉良好。如果有人如电影《大话西游》里唐僧般聒噪，我们的感受会如何呢？促销人员忽视了客户的兴趣和感受，不知道沟通是一个互动的过程，最终被客户拒绝是必然的。聪明的促销人员要通过多提问题发现客户需要，和客户进行有效的互动沟通。

例如，促销人员向客户推销无纸化办公系统时，拼命强调该系统使用起来多么方便和节省时间，但或许客户根本不关心这些，他更关注该系统在保存资料方面的安全性如何，这时促销人员仅需要向客户提一个问题："您对这个系统有什么意见吗？"

2. 避免提过多的封闭式问题，要多提开放式问题以探清客户需求

封闭式问题的明显特点，就是用"是不是""对不对"等二选一的词语来控制促销进程。促销人员过多地使用这种洽谈技巧，会让客户觉得自己受到了审问，一旦客户的需求得不到满足，促销人员的洽谈也就失败了。促销人员正确的做法是向客户多提开放式问题，注重与客户做好沟通，而不是单纯运用提问技巧，要把提问自然地放在与客户的双向沟通过程中。

3. 要首先确认客户的利益点，避免过早展示产品利益

利益点是客户最关注的问题，是产品利益与客户需求最密切相关的地方。促销人员要通过情景性询问和问题性询问发现客户的需求，并以满足客户的需求为出发点。促销人员提前进行产品展示将使展示失去针对性。

产品的卖点与客户的利益点并非总是一致的。或许促销人员推荐的办公设备的卖点在于小巧玲珑，打印、复印、扫描"三合一"，而客户因为经常需要做图片处理，所以他更关注扫描的质量。所以，促销人员没必要拼命地强调产品的多功能，只需要说明设备的扫描功能也很好，就能有针对性地消除客户的顾虑，促成交易。

4. 避免忽视客户心理，要努力学会察言观色

当客户看到产品时，他可能会用一些异议来表明自己内心的想法，如通过漠然的反应表明自己不需要，或通过疑惑的表情来表明自己的怀疑。促销人员要注重这些细节，用一定的技巧来灵活处理。

当客户想购买产品时，他会以一种积极的暗示试图达成交易，这时促销人员如果没

有识别出这种暗示而继续促销，将让客户产生厌倦心理，很可能使客户失去对产品的兴趣。因此，促销人员要学会察言观色，自始至终都要注意把握成交时机。

关键点提示

要想提高成交的效率，必须努力做到以下几点：

1.避免讲述太多，多提问题，发现客户需求；2.避免提过多的封闭式问题，要多提开放式问题以探清客户需求；3.要首先确认客户的利益点，避免过早展示产品利益；4.避免忽视客户心理，要努力学会察言观色。

8.11　如何掌握成交的时机

工作场景描述

当促销人员想准确地识别出客户的购买信号，利用最恰当的时机提出最恰当的成交要求时，可查看。

解读与分析

成交也要把握“天时、地利、人和”。促销人员根据客户的表现，在最恰当的时刻提出最恰当的成交要求，不仅是一种技巧，更是一种策略。

1. 根据客户的非语言行为判断成交时机

所谓“喜形于色”，客户任何微妙的心态变化都会表现在他的脸上。当客户没有说话，但表现出如下行为时，就表示客户做好了购买准备。

（1）客户再次审视产品，或拿起笔做思考状。

（2）客户离开洽谈室，与其他人交流产品展示情况，或提议到氛围更为轻松的餐厅进一步交流。

（3）客户频频点头，抚摸下巴，心情平和喜悦，前倾上身，舒展身体，轻咳以调整嗓音。

2. 根据客户的语言判断成交时机

客户说出如下一些话，表明他对产品产生了兴趣："这种产品看起来很适合我""贵公司是否有业务主管对此负责""您说贵公司将帮助我们安排培训，对吗""我将如何付款"。这时促销人员需要立即停止介绍，促成客户购买。当客户提到其他问题，如交付条件、特定产品、报价、交货日期，或要求提供详细资料以及再次讨论已经讨论过的问题时，促销人员也要及时促成客户购买。

3. 当客户认同促销人员的相关行为时要及时促成其购买

促销人员需要通过自身行为促成客户购买。当促销人员的某个行为打动客户时，促销人员要迅速发现客户的反应，不要再喋喋不休了。

（1）当客户认同了促销人员展示的产品的价值的时候，例如，促销人员："我们的新产品将使制衣成本降低20%。"客户："那太好了！"见此回答，促销人员要立即促成客户购买。

（2）当客户认同了促销人员就某一异议所做的答复时，例如，客户："您200元的报价高出其他供应商很多。"促销人员："是的。但我们的产品可以用两年以上，分摊到每周成本还不到2元钱。"客户："哦，的确是这样。"

（3）当洽谈中出现和谐的沉默时。沉默很可能意味着认可，洽谈中出现沉默时，促销人员一般介绍完了应该介绍的事宜，客户也问完了所有疑问，成交自然理所当然。

4. 利用语言技巧把客户的提问自然转化为成交请求

在洽谈过程中，促销人员要善于运用语言技巧。

（1）客户："价格是多少？"促销人员："您要买多少？"

（2）客户："您提供哪些交货条件？"促销人员："您想要哪种交货条件？"

（3）客户："什么时候能够交货？"促销人员："您想要什么时候交货？"

（4）客户："我现在和下个月两次订购能按这价格吗？"促销人员："您愿意分两次装运吗？"

（5）客户："我要订购多少才能得到优惠呢？"促销人员："您有意买多少？"

（6）客户："有××型号的现货吗？"促销人员："那是你们最喜欢的型

号吗？”

总之，处处留心皆学问。在促成交易的时候，促销人员只要认真观察客户的反应，是不难看出客户是希望买到适合自己需要的产品的。

关键点提示

把握成交时机时要注意以下几点：

1.根据客户的非语言行为判断成交时机；2.根据客户的语言判断成交时机；3.当客户认同促销人员的相关行为时要及时促成其购买；4.利用语言技巧把客户的提问自然转化为成交请求。

8.12　如何运用恰当技巧促成客户购买

工作场景描述

当促销人员想促成客户购买而不知道采用什么方法时，可查看。

解读与分析

在选择恰当的成交方式之前，促销人员必须准确判断客户的购买心理，了解他们对产品展示所持的态度，有针对性地做好相应准备。如下几个成交技巧可供促销人员参考。

1. 请求成交法，适用于自信型客户

请求成交法，即促销人员直截了当地提议客户购买产品的方法。这种方法不适合分析型和主观型客户，但特别适合比较自信的客户。其缺点在于过于直率和坦诚容易造成促销洽谈的中断。例如，促销人员可以这样提问。

（1）“我们现在就签署协议并安排下周的交货事项，好吗？”

（2）“既然一切都谈妥了，那么请在合同上签字吧。”

2. 选择成交法，适用于保守型或迟疑型客户

选择成交法，即促销人员向客户提供两种或者两种以上的购买方案，并要求客户迅速做出抉择的成交方法。促销人员可针对客户回答做进一步的产品阐述并处理异议。例如，促销人员可这样提问。

（1）“您喜欢用现金还是用银行卡进行支付？”

（2）“您愿意为您的西服配一条还是两条领带？”

3. 假定成交法，适用于老客户和常规客户

假定成交法，指促销人员假定客户已经接受了自己提出的促销建议而直接要求客户购买产品的成交方法。该方法要求促销人员在获得客户信任的基础上，假定客户会购买产品，帮助他们订货。例如，促销人员可以这样提问。

（1）“我今晚就把货给您送过来，您看怎么样？”

（2）“我给您发30车的货，您看够不够？”

4. 总结利益式成交法，适用于自信型和迟疑型客户

总结利益式成交法，要求促销人员把握成交步骤，先确定客户关注的核心利益，再总结这些利益，最后提出购买建议。此方法简单有效，适用面广。举例如下。

“这种真空吸尘器的高速旋转机芯（特点）能将工作速度提高一倍（优势），而且更加省力（优势），能给您节省一刻钟到半个小时的清洁时间（益处），并减少您因推移笨重机器而产生的疲劳（给客户带来的好处，即利益点），对吗？”促销人员向客户进行试探性提问，如果得到肯定回答，就说：“您是要豪华型还是要方便型？”

5. 连续点头式成交法，适用于安全型客户

该法不要求促销人员直接总结产品利益点，而是通过提出与产品利益点有关的一系列问题让客户点头同意。连续不断提问的好处在于有助于消除那些性格犹豫、思虑再三的安全型客户的顾虑，让他们下定决心购买。该法不太适用于那些喜欢快速决策的、比较自信的客户。促销人员可以运用如下提问方式。

（1）“您说您喜欢我们的优质产品，对吗？”

（2）“您还喜欢我们的物流配送体系、比较便捷的交货方式？”

（3）“您也很喜欢我们提供的优惠措施和付款条件？”

（4）“的确，这些方面都是我们的优势。如果您根据您自身情况确定相应的订单，必然会给您带来巨大的回报率，您打算订多少呢？”

6. 站票式成交法，适用于迟疑型客户

促销人员利用客户迫不及待占有的心理，告诉他们仅有有限的“站票”了，这必将促进迟疑型客户迅速做出决定。该法特别适用于因天气状况、运输条件、存货缺乏等原因而发生意外情况时。具体案例如下。

（1）“这台设备的售价下周将涨10%，我是今天就把货运来呢，还是您想付更高的价钱？”

（2）“好多客户都买这个型号，我不敢肯定是否能有剩下的卖给您。”

（3）“我不敢保证还有这种规格的存货。如果有存货，您打算要吗？”

7.T 形对比表法，适用于自信型或迟疑型客户

在T形对比表上，一边写上客户购买的理由，一边写上客户拒绝的理由，见表7-1，然后边分析比较边对客户进行理性说服，力邀客户成交，或者提出诸如“对此您感觉如何”之类坦率的问题。

该方法适用于比较重视理性思考的自信型和迟疑型客户。

表 7-1　T 形对比表

购买理由	拒绝理由
①交货方便、快速 ②利润可观 ③信用良好 ④售后服务做得不错	花色品种少

8. 运用其他语言技巧促成客户购买

促成客户购买的策略多种多样。例如：退让型方法，即一开始提出一项预计会被拒绝的大交易，目的在于促使客户接受较小的第二项交易；渐进型方法，即先与客户达成较小的初次交易，激发客户良好的自我感觉，再促使客户同意达成较大的后续交易。

（1）“第一批您需要装运多少？”“我们将在四周内装运，您看好吗？”促销人

员猜测客户的需求并提出让其购买。

（2）“您觉得您的办公室用什么颜色的家具比较合适？”“这里放上我们公司赠送的金色台历，会很协调。”促销人员运用细节增加客户的好感。

（3）“如果我能为这辆车提供价值千元的附属设备，您今天就会购买吗？”促销人员通过提供优惠促成客户购买。

（4）“您何必到别处采购？我们一周后才安排信用结算，届时如果您改变主意也不迟。”促销人员让客户暂定购买，客户试用后常不想退货。

关键点提示

在促销过程中，可以选择如下方法促成客户购买：

1.请求成交法，适用于自信型客户；2.选择成交法，适用于保守型或迟疑型客户；3.假定成交法，适用于老客户和常规客户；4.总结利益式成交法，适用于自信型和迟疑型客户；5.连续点头式成交法，适用于安全型客户；6.站票式成交法，适用于迟疑型客户；7.T形对比表法，适用于自信型或迟疑型客户；8.运用其他语言技巧促成客户购买。

8.13 如何针对客户个性选择成交方法

工作场景描述

当促销人员面对不同个性的客户，而不知道如何有针对性地促成客户购买时，可查看。

解读与分析

不同的成交方法在特定的情况下才能发挥最大作用。促销人员常需要针对不同客户的不同个性，在明确异议的基础上设计具体的成交方法，从而促成交易。

1. 掌握促成客户购买的一般方法

促销人员要想根据客户个性选择合适的成交方法，必须先知道具体有哪些方法能够促成客户购买。

（1）促销人员通过提选择性问题促成客户购买。促销人员可以问“您是加一个鸡蛋还是加两个鸡蛋”，而不要问“您是否需要加鸡蛋”。促销人员要通过提细节性的问题避开客户的主要异议，引导客户思考，还可以通过提含蓄的问题促成客户购买。“您什么时候需要这种产品？”“您需要多少？”客户有购买需求，但尚未表示出来时，这种含蓄的提问是最为恰当的。

（2）促销人员要通过具体行动促成客户购买。促销人员可以拿出空白的协议，在讨论客户需求时逐项填写，在核实完毕后把填好的购销协议递给客户，并在客户审核各项内容后，再一次向客户交代各项交易要点，水到渠成地达成交易。上一节中的T形对比表法就属于这种方法。当客户对促销人员的这种行为有异议时，促销人员可以用如下方式进行回答。

①“您别在意，这仅仅是我的一份工作进程表，它能使我了解您所有的需求。”

②“您所需要的就是我们的××型产品，我能问一下贵公司的库存吗？”

③“看了您的存货情况并考虑到您最近两年来的采购情况，我认为您现在进两箱货就可以维持到10月份，您觉得如何？”

2. 针对犹豫不决型客户，要推动其做出购买决策

面对这类客户，促销人员一般不要使用假定成交法和技术成交法。比如，“我明天就为您装运货物”等假定成交法的语言技巧就不适用。促销人员也不要用图表等向他们进行产品展示，因为犹豫不决型客户不善于理性思考。除此之外，其他的成交方法都可以使用。

3. 对专家型或自我中心型客户，要让他们自己做出决策

专家型或自我中心型客户善于进行理性分析，知识结构全面，他们有自己的思维方式和主见，不易受别人诱导。促销人员对他们一般采用请求成交法、技术成交法和谈判成交法，让他们自己主动决策。

（1）“既然一切妥当，那么请在合同上签字吧！”促销人员不用拐弯抹角，直接

请求客户成交。

（2）“这些图表显示了贵公司过去的购货情况和未来的需求趋势，如果……”促销人员运用技术成交法，用图表等理性地说服客户购买。

（3）“您知道我不能给您很大的折扣，但我可以接受您本月底付款的要求，这是我能够做出的最大让步，您觉得如何呢？”促销人员运用适当的谈判策略促成客户成交。

4. 对敌对型客户，要极力回避、抚慰

敌对型客户把促销人员当作“眼中钉，肉中刺”。促销人员面对此类客户时，促销难度特别大。如下几种方法可以参考。

（1）“您对该行业了解得可真多！如果……贵公司利润将……”促销人员运用赞美抚慰客户。

（2）连续点头式成交法：促销人员不断陈述产品质量、交货条件、利润等方面的优势，并用“是不是”“对不对”等词语不断地获得客户认可。

（3）“我理解您现在的心情，不过我想问您，下周我回访时，您和我做生意的可能性有多大？”促销人员运用可能式成交法排除客户异议。

（4）“如果我能找到这个问题的解决办法，您对目前的安排会满意吗？”促销人员运用谈判式成交法排除客户异议。

5. 对朋友型客户，要注意关心细节问题

朋友间由于彼此信任，做起生意来也特别省心。不过促销人员一定要注意维护彼此间的关系，多多关注成交的细节问题，以免竞争对手乘虚而入。此类客户适合用假定式、可能式和谈判式成交法。

（1）“这些就是我要发给您的货。我们还是把上次签订的合同拿出来修订一下吧。”此即假定式成交法。

（2）“既然您肯定和我们合作，何必等到下周呢？”此即可能式成交法。

6. 对有成见的客户，要让其信任超过怀疑

有的客户对产品有成见，促销人员需要对他们进行理性说服、感性诱导，努力让客户的信任超过怀疑。应对这类客户时，促销人员常采用T形对比表法、可能式或谈判式

成交法。

促销人员使用T形对比表可以清楚地看出客户买和不买的理由，据此再有理有据地向客户说明产品情况，深入地改变客户观念，消除客户成见。

可能式成交法把成交的重点放在客户的异议上，让客户自己提出异议，促销人员有针对性地给予解决，从而打消了客户的顾虑。

谈判式成交法适用面广，如果应用双赢的策略，效果更好。

7. 对贪心、有特殊要求的客户，要促使其立即购买

人都有趋利心理，促销人员可以利用站票式、可能式或谈判式成交法促使客户购买。

关键点提示

针对不同的客户个性，要有针对性地选择相应的洽谈方法：

1.掌握促成客户购买的一般方法；2.针对犹豫不决型客户，要推动其做出购买决策；3.对专家型或自我中心型客户，要让他们自己做出决策；4.对敌对型客户，要极力回避、抚慰；5.对朋友型客户，要注意关心细节问题；6.对有成见的客户，要让其信任超过怀疑；7.对贪心、有特殊要求的客户，要促使其立即购买。

第9章

促销活动后期工作常见问题

企业欲有效地掌控促销活动，不仅需要在促销的规划与执行阶段加强管理，掌握促销活动的进度，对于促销活动后期的工作，也要实施监督和管控，以便及时发现和解决问题，确保促销活动顺利进行。

9.1　如何“医治”促销后遗症

工作场景描述

当促销管理人员发现促销活动没有达到预期的效果时，可查看。

解读与分析

在促销中往往由于种种原因，促销结束后，企业的销售额反而下降了，企业的美誉度、产品的品牌价值受损，企业面临的生存环境远不如举办促销活动之前。

产生促销后遗症的根本原因在于促销过程中消费者的利益（精神和物质两个方面）受损，具体原因包括以下几点。

（1）促销活动过分强调物质层面，忽略了消费者的精神需求。

（2）促销中，产品、服务等给消费者留下了不好的印象。

（3）促销活动错误地引导了消费者，使消费者有强烈的上当受骗的感觉。

（4）促销期间的广告宣传名不符实。

（5）促销失控，给消费者留下了不好的印象。

（6）促销以追求短期利益为目标，没有长远的规划。

1. 预防销售额下降的措施

（1）促销管理人员要加强品牌价值（无形资产）方面的投入，以使消费者对企业有良好的印象。

（2）促销管理人员要转变促销的方式。

（3）促销管理人员要同时启用多种促销方式，如服务促销和公关促销等。

（4）促销管理人员要树立消费者的购买信心和中间商的经销信心，必要时可采取回购促销方式。回购促销方式的直接投入费用是：

回购促销方式的直接投入费用=（市场售价−企业售价）×回购量

2. 防止企业美誉度受损的措施

在促销过程中，消费者可能会对促销活动有意见，甚至产生反感，从而使企业名誉相应受损，并直接影响到企业未来的销售额。究其原因，主要有以下几种。

（1）在设计促销活动时，促销管理人员没有对消费者进行认真、仔细的分析和调查。

（2）在促销中，促销管理人员没有同目标消费者进行沟通、联系并对促销活动做出调整。

（3）促销活动的立意、方式、内容使消费者产生普遍的反感。

（4）对促销方案的论证不严密，把关不严。

防止企业美誉度受损的具体措施如下。

（1）促销管理人员要加强促销管理。

（2）促销管理人员要重视促销计划的制订和论证，在促销计划制订和论证方面狠下功夫。

（3）如果已出现后遗症，促销管理人员则应通过与消费者沟通，消除消费者对企业的误解，重新树立良好的企业形象。

关键点提示

1. 预防销售额下降的措施：

（1）加强品牌价值（无形资产）方面的投入；（2）转变促销方式；（3）同时启用多种促销方式，如服务促销和公关促销等；（4）树立消费者的购买信心和中间商的经销信心。

2. 防止企业美誉度受损的措施：

（1）加强促销管理；（2）重视促销计划的制订和论证；（3）加强与消费者的沟通。

9.2 如何进行促销活动效果的评估

工作场景描述

当促销管理人员不知究竟运用什么方法和步骤来评估促销活动效果时，可查看。

解读与分析

对促销活动的效果进行评估，是促销工作的一项重要内容。要想使促销活动长期不断地进行下去，促销管理人员就需要对历次促销活动进行经验总结，以寻找不足，从而把下一次促销活动做得更好。

1. 促销活动效果的评估方法

（1）前后比较法。促销管理人员通过将开展促销活动之前、之中和之后三段时间的销售额（量）进行比较，来测评效果。这是最常用的促销活动效果评估方法。

（2）市场调查法。市场调查法是企业组织促销管理人员进行市场调查分析，以确定促销活动效果的方法。这种方法尤其适用于评估促销活动的长期效果。其具体做法是寻找一组消费者，和他们面谈，了解究竟有多少消费者还记得促销活动，他们对促销活动的印象如何，有多少人从中获利，对他们未来的品牌选择有何影响等。促销管理人员通过分析这些问题的答案，可以了解促销活动的效果。

（3）观察法。促销管理人员通过观察消费者对促销活动的反应，可得出对促销活动效果的综合评价。这种方法相对而言较为简单，而且费用较低，但结论较主观，不是很精确。

2. 促销活动效果评估的具体步骤

（1）促销管理人员分析促销活动开展之前的情形，以充分了解促销活动开展期间的销售趋势。

（2）促销管理人员分析促销活动开展期间的情形。

（3）促销管理人员分析促销活动开展之后的情形。

（4）促销管理人员了解促销活动前、中、后三个阶段各数据的差异，进而评估促销活动效果。

在实施评估时，促销管理人员要注意尽可能多地运用比较法，比较促销活动前、中、后三个阶段的销售情形。比较促销活动开展之前和促销活动期间的销售情形，是为了测定促销活动期间消费者的行为是否产生了预期的变化。比较促销活动期间与促销活动结束后的销售情形，则是为了确定促销方案是否具有持续性影响，了解促销活动结束后销售量究竟变化了多少。

关键点提示

1.促销活动效果的评估方法：

（1）前后比较法；（2）市场调查法；（3）观察法。

2.促销活动效果评估的具体步骤：

（1）分析促销活动开展之前的情形；（2）分析促销活动开展期间的情形；（3）分析促销活动开展之后的情形；（4）了解促销活动前、中、后三个阶段销售数据的差异。

9.3 如何进行广告促销效果的评估

工作场景描述

当促销管理人员想进行广告促销效果评估时，可查看。

解读与分析

企业运用广告促销时，希望充分了解广告是否有助于提高品牌知名度，是否刺激了消费者的购买行为，花在广告上的大笔资金是否有回报。广告促销效果评估恰好能够回答这些问题。

一般来说，广告促销效果评估需要聘请专门的调查研究公司或专业调研人员来进行。因此，对促销管理人员来说，需要掌握的不是用什么评估方法，而是评估什么，以及何时进行评估。

1. 决定评估内容

在广告促销过程中，广告代言人、广告信息和广告媒体三方面的变量对广告促销效果起着重要作用。促销管理人员需要对这些变量进行检验，以便及时调整其中的不利因素。

（1）广告代言人。广告代言人对广告促销效果起着重大作用。广告代言人是否可信，对目标受众究竟是否具有吸引力、影响力，广告代言人的形象与广告产品形象是否一致等，都对广告促销效果有着直接影响，因而必须加以评估。

（2）广告信息。广告信息的内容以及传播方式是影响广告促销效果的重要因素，因而也是广告促销效果评估的一项主要内容。

（3）广告媒体。对广告媒体的评估主要包括以下几个方面。

①促销管理人员要评估不同广告媒体的广告促销效果，以确定哪一个媒体最有效。

②促销管理人员要评估不同广告频次的广告促销效果，以确定最佳广告频次，从而减少浪费。

③促销管理人员要评估不同媒体时间表对广告促销效果的影响。

2. 决定评估时间

根据评估时间的不同，广告促销效果评估可分为事前、事中及事后评估。

（1）事前评估。事前评估就是在制订广告促销草案后，广告促销活动实际展开之前对其效果进行评估。其主要目的有以下两个。

①诊断广告促销方案是否有问题，避免推出无效甚至有害无益的广告。

②比较、评价不同的方案，以便找出最有效的广告促销方案。

（2）事中评估。事中评估就是在广告促销活动进行的同时，对广告促销效果进行评估。当今广告费用昂贵，营销状况不断变化，市场竞争日益激烈，在广告促销活动进行中，常常会发生一些意想不到的情况，从而影响原定的广告促销方案。因此，越来越多的企业十分重视在广告促销活动中对广告效果进行评估，以便及时调整广告促销策略，对市场变化尽早做出反应。

（3）事后评估。事后评估就是在整个广告促销活动结束后对广告促销效果加以评估。它根据既定的广告促销目标来评估广告促销效果，因此，评估内容视广告促销目标而定，包括品牌知名度变化，消费者对品牌认知、态度的改变，消费者的品牌偏好及购买行为变化等。其作用主要包括以下几方面。

①评价广告促销活动是否达到了预定的目标。

②为今后的广告促销活动提供可靠的借鉴和经验。

③如果采用了多种广告促销方案，可对不同广告促销方案的效果进行比较。

综上所述，无论评估内容是什么，事前评估和事中评估的作用在于诊断并及时消除广告促销活动中的沟通障碍，而事后评估的作用则是充分了解广告促销活动开展之后实际产生的效果，以便为今后的广告促销活动提供一定的经验。

促销管理人员在决定了广告促销效果评估的内容、时间后，要想做好广告促销效果的评估，还必须注意以下几个问题。

（1）评估时受测者必须是该广告促销活动的目标消费者且应达到一定的数量。

（2）制订恰当的广告促销效果评估指标。

（3）做好事前、事中、事后三个阶段的广告促销效果评估。

关键点提示

进行广告促销效果评估时，需要掌握以下内容：

1.决定评估内容；2.决定评估时间。

9.4　如何进行公共关系促销效果的评估

工作场景描述

当促销管理人员不知运用什么标准来评估公共关系促销效果时，可查看。

解读与分析

公共关系是一种重要的传播媒介，利用公共关系进行促销有利于产品树立良好的形象。

与其他促销效果评估一样，公共关系促销效果评估也非常重要。通过评估，促销管理人员可知企业通过公共关系促销活动所获得的收获。公共关系促销效果的评估标准很多，主要有以下几个。

1. 形成印象的数量

（1）整个活动期间公共关系促销活动在受众中形成印象的数量。

（2）公共关系促销活动在目标受众中形成印象的数量。

（3）公共关系促销活动在特定的目标受众中形成印象的数量。

2. 报道文章

（1）整个活动期间，正面报道文章占所有报道文章的百分比。

（2）整个活动期间，负面报道文章占所有报道文章的百分比。

（3）正面报道文章与负面报道文章的比率。

（4）正面报道文章与负面报道文章的比率（按主题划分）。

（5）正面报道文章与负面报道文章的比率（按出版物或记者划分）。

（6）正面报道文章与负面报道文章的比率（按目标受众来划分）。

3. 小组测试结果

促销管理人员可通过小组测试的方法，来衡量公共关系促销活动引起的消费者的态度及行为的改变。此时，评价者实际参与整个活动，并在统一的研究原则的指导下共同工作。

4. 民意调查结果

促销管理人员可以民意调查的方式来收集评价活动目标实现程度所需的数据。

5. 管理目标

高层管理人员及其下属共同确定要实现的目标和各自的责任，然后把这些目标作为衡量公共关系促销效果的一项标准。

总而言之，公共关系促销在促销组合中的角色在不断变化着，促销效果的评价标准也在相应地变化。

关键点提示

公共关系促销效果的评估标准主要有以下几个：

1.形成印象的数量；2.报道文章；3.小组测试结果；4.民意调查结果；5.管理目标。

9.5 如何提升终端市场的促销业绩

工作场景描述

当促销管理人员试图稳定促销人员队伍，大幅度地提升一线促销业绩时，可查看。

解读与分析

基层促销人员普遍存在流动性大、缺乏专业培训与教育、缺乏归属感与忠诚度、工资水平偏低等特点。

针对以上特点，促销管理人员可以从以下几方面出发稳定促销人员队伍，大幅度提升一线促销业绩。促销管理人员用理念引导，并进行人性化管理，是管理基层促销人员的有效方法。

1. 心理地位提升培训

多数人认为，促销人员不是企业的正式员工，而是一种“流动人口”。因此，多数促销人员缺乏归属感和忠诚度，而且稳定性很差。企业可以通过培训提升促销人员的归属感和忠诚度，使促销人员树立很强的自信心，让促销人员认识到：并不是任何人都有能力做好促销工作，优秀的促销人员可以胜任其他任何营销工作，促销人员是市场销售的坚实基础。

2. 设立促销业绩排行榜

促销管理人员设立促销业绩排行榜，可以有效地激发促销人员的上进心，激发促销人员的荣辱感，并且有助于及时发现促销人员的心态问题与市场变化等。

3. 合理的竞争、升迁举措

没有竞争就没有危机感。合理地引入竞争机制能最大限度地激发促销人员潜在的斗志。对于那些从竞争中脱颖而出的优秀促销人员，如果他们具有一定的管理潜能，则应大胆地提拔。

4. 物质与精神并重的激励措施

物质是生存的基本条件，但精神需求有时远远大于物质需求。在相同的物质条件下，精神层面的激励会更加有效。

5. 树立榜样及推广促销技巧、经验

适度地树立榜样，可以让其他的促销人员看到自身的差距，从而自觉地不断努力提高自身素质。另外，促销技巧、促销经验应当广为传播并不断将其发扬光大，这样才更有利于整个团队促销能力的提升。

6. 鼓励促销人员发表意见，适度扩大经营管理知情权

要鼓励促销人员多提意见，这样促销管理人员不仅可以随时了解市场动态，还可以从促销层面来更好地完善市场操作。促销管理人员适度扩大经营管理知情权，有利于增强促销人员的主动性、目的性，有利于促销水平的大幅度提升。

关键点提示

促销管理人员主要从以下几方面来加强对促销人员的管理：

1.心理地位提升培训；2.设立促销业绩排行榜；3.合理的竞争、升迁举措；4.物质与精神并重的激励措施；5.树立榜样及推广促销技巧、经验；6.鼓励促销人员发表意见，适度扩大经营管理知情权。

9.6 如何起草促销洽谈合同

工作场景描述

当促销洽谈双方已达成一致意见，准备订立促销洽谈合同时，可查看。

解读与分析

成功的促销洽谈，最后一个程序就是双方签订具有法律效力的合同。签订合同既是促销洽谈的初始目标，又是促销洽谈想达到的最终归宿。合同的起草很重要，既要符合一系列基本要求，又要把握具体细节。

1. 合同的格式

合同由标题和正文组成，正文分为开头部分、中间部分和结尾部分，又可叫作约首、条款和约尾。

（1）标题即合同名称。

（2）约首包括需方、供方的单位名称，签订合同的日期、地点以及此项经济活动的目的等。签订合同的日期、地点不一定要放在约首，也可以放在约尾。

（3）约尾一般要写明下列内容：本合同一式×份，供方×份，需方×份；合同生效和作废的条件与日期；双方的地址、电话等。

2. 合同的内容

合同是一种常见的内容全面的贸易契约，既包括标的物的名称、质量、规格、包装、数量、装运方式、交（提）货时间和地点、交货期限、支付方式、保险、产品检验等条款，也包括特殊情况下的处理方式等条款。合同需要对促销洽谈双方的权利义务分别作详尽规定，对违约责任亦需要有详尽的说明。

3. 起草合同时的注意事项

合同体现着洽谈成果，体现着双方的一致意见。起草合同时必须注意下列事项。

（1）明确合同内容。合同必须严格按照双方在洽谈过程中达成的一致意见起草，谈成什么写什么。相关人员要依据洽谈的原始文件（记录、备忘录等）进行起草，决不允许自由发挥。

（2）内容严格，文字准确。合同必须固化洽谈内容，全面、严谨、准确地以文字表述洽谈成果。在起草时相关人员应尽量避免使用模糊性词语，比如“尽可能”“尽最大努力”“争取”“只要有可能”等。使用这些词语会给合同的履行带来很大的隐患。

（3）完善具体细节。洽谈结束后，不少细节问题需要借合同起草过程逐一解决，以使洽谈结果得到完善。

（4）具备法律效力。合同是体现洽谈成果的具有法律效力的文件，能保障合同双方的权益。

为此，起草合同时必须注意以下几方面。

①订立合同的双方必须具有缔约能力和资格。订立合同的双方可以是自然人，也可以是法人，但必须具备缔约能力与资格，这样订立的合同才具有法律效力。

②合同必须是双方真实意思的表示，而不是双方或一方在受到胁迫或欺诈的情况下订立的。

③合同必须合法。合同必须符合相关法律规定。

④合同的格式必须符合规定要求。书面合同要清楚、整洁，不得模糊不清或有涂改。

（5）双方共同参与。起草合同时，应该双方共同参与，一方独立起草的合同常会使双方陷入争论。通常情况下，洽谈双方应当分别派出合同起草者，分工合作，协商起草。

关键点提示

起草合同时要注意以下几点：

1.起草合同时既要符合基本要求，又要把握具体细节；2.起草合同时必须以双方洽谈的结果为基础；3.合同的语言要准确、清晰；4.合同内容必须符合法律的规定。

9.7 如何审核促销洽谈合同

工作场景描述

当促销洽谈合同起草完毕，在签订之前做进一步审核时，可查看。

解读与分析

促销洽谈合同一经签署，即成为具有法律效力的文件，所以合同起草完毕之后，在正式签字前必须经过严格的审核，审核完毕，方能签字。合同审核的主要内容及遇到问题时的处理方法如下。

1. 合法性审核

（1）有关批准手续是否完备？合同内容是否合法？有无与法律法规相冲突、相违背之处？

（2）如果手续不齐备，应迅速补办，否则合同不能签署。如果合同内容有和法律法规相违背之处，应重新修订，否则合同签署了也无效。合法性审核合格，合同签署后才能得到法律的承认与保护。

2. 有效性审核

此次洽谈的双方，有无签署合同的权力？如果没有得到充分授权，合同签署了也会无效。对于需要上级审批的合同，相关批件或委托书均应齐备，否则可能造成签署的合同无效。

3. 一致性审核

一致性审核即审核合同文本与洽谈内容（可据洽谈记录或备忘录进行）的一致性，特别要注意有无遗漏或擅自添加的内容。无论遗漏还是擅自添加洽谈内容，均是对洽谈结果的一种实质性否定。在此情况下，如果某一方或双方均未仔细审核便签约，会为今后履约制造困难。

4. 文字审核

文字性审核即审核合同的文字是否严谨，是否准确地表达了洽谈内容，有无歧义。若是涉外合同，还应仔细审核两种文字（甚至多种文字）内容的一致性，力求翻译精确。

审核合同时应严格仔细，认真推敲，一丝不苟，绝不能遗漏任何一页、任何部分和任一条款。千万不能为求快而随意浏览，审核时不能仅凭记忆而不核对有关原始记录，也不可仅仅注意语句的通顺而忽略内容。合同一经签署，就不可随意修改，审查不严经常会导致本可避免的损失和纠纷的出现。

审核合同时，最好由两三个人进行，以便互相检验，并且要反复审核若干次，以确保万无一失。签署前的审核应当双方同时进行。

一方在审核过程中发现问题时，应及时通告对方。对于非实质性问题，如文字问题，一般一经指出即可解决。对于实质性问题，则需要进行再次协商才能确定。

促销洽谈合同是促销洽谈成果的体现，所以在合同起草完成后，一定要仔细审核，保持谨慎，不可放松警惕。

关键点提示

促销洽谈合同起草完毕后，需要仔细审核以下几方面：

1.合法性；2.有效性；3.一致性；4.文字。

9.8 如何避免促销洽谈合同中出现陷阱

工作场景描述

当相关人员需要避免促销洽谈合同中出现差错，对己方不利时，可查看。

解读与分析

合同是促销洽谈成果的最终体现，也是交易时的依据，所以相关人员对待合同一定要慎之又慎。

如果合同是由对方起草的，那相关人员更要多加小心了，避免出现对方利用合同条款来获得额外的利益，损害己方利益的情形。相关人员要仔细检查起草者有没有加入洽谈中并未涉及的内容，或者是否添加了对对方有利的内容，特别是在洽谈成果本已对己方有利，对方迫于无奈签订合同时，更要小心谨慎，不要忽略了对方在合同上做手脚的可能。

相关人员要仔细检查合同中的以下重要条款。

（1）质量即品质条款。产品品质可用文字和图样表达，内容包括规格、等级、技术标准等，还可将样品作为标准。这时品质条款中要列明样品编号，如果需要寄送样品，则应标明寄送日期。对于某些工业原料和部分轻工产品，在品质条款中还要注明其质量公差。

（2）数量条款。它的基本内容包括货物交易数量和计量单位。对于按重量计量的产品，要注明是按毛重还是按净重计算。对于大宗产品或数量不确定的产品，一般要在合同中注明交易数量的允许变化幅度。在涉外合同中，此点可通过“溢短装”条款加以规定，但要写明浮动部分的计价方法（是按照合同价格还是按照交货时的市场价格）。

（3）包装条款。检查对包装要求、包装材料、包装方式、包装费用、运输标志的规定等是否明确合理。对方如果要求使用特制包装，则应专门列出，并表明费用由谁承担。难以达到的包装要求不要接受。

（4）产品检验条款。它是对产品的质量、数量、包装以及货物装运等技术条件进行检验和公证鉴定、确定的条款，常作为交易双方交接货物、支付货款和处理索赔时的依据。订立检验条款时，相关人员要注意与其他条款的衔接，如与品质条款中的规格、标准相衔接。在对外贸易中采用信用证付款方式时，有关商检机构、检验证书等的规定，必须与有关议付单据的规定相一致，防止因单证不符而遭银行拒付。在规定对方有复验权时，应同时规定复验期限与复验机构。此外，还应对统一检验方法做出明确规定。

总之，在签订合同时，相关人员一定要对合同中容易产生歧义或有较大弹性的条款进行仔细斟酌，以免对方借此机会做手脚，给己方造成损失。这方面的知识可以参阅国际贸易实务方面的书籍进行学习。

关键点提示

为避免促销洽谈合同中存在陷阱，要注意如下几个方面：

1.如果合同是对方起草的，要仔细检查；2.洽谈结果对己方有利时，不要放松警惕；3.仔细检查重要条款。

9.9 如何进行促销洽谈合同的签订

工作场景描述

当企业举行促销洽谈合同的签约仪式时，可查看。

解读与分析

签约在洽谈中具有终极意义，如果没有签订促销洽谈合同，一般会被视为失败的洽谈。即使是中断的谈判，通常仍有备忘录、意向书的签订。促销洽谈合同经双方有效签署后，促销洽谈即落下了帷幕，取得了成功。

1. 选择合适的签字人

合同的签字人通常是洽谈的主谈人，有时也可以是企业的法人代表或者经过授权的其他人。企业可根据合同金额的不同和交易重要性的不同来决定签字。

2. 选择恰当的签字仪式

根据合同金额和重要性的不同，签字仪式也有不同。通常情况下，对一般的合同，双方主谈人就可以签字，地点在洽谈间或在宴请的饭店即可。签字仪式简单。

对于较大型合同的签字，如果由双方领导出面签约，仪式可稍微隆重一些。这时要做好签字仪式方面的相关准备工作。相关人员要选择好合适的签字场所，安排好接待工作和签字前后的其他活动等。

签字仪式的繁简没有明确的规定，主要视双方的态度而定。如果对方提出了一些要求，在不违反规定的情况下，己方要尽力配合，最好不要在这个阶段产生误会或不愉快。

3. 注意签字仪式中的礼仪规范

无论签字仪式是否隆重，都要注意相应的礼仪规范，不要触犯对方的禁忌。相关人员要做好各方面的准备工作，准备好签字用品。

洽谈签约是洽谈成果的体现，企业要选择合适的签字人和签字仪式，并注意签约时的礼仪规范。

关键点提示

在进行促销洽谈合同的签订时：

1.选择合适的签字人；2.选择恰当的签字仪式；3.注意签字仪式中的礼仪规范。

9.10　如何进行促销洽谈合同的变更和解除

工作场景描述

当已经签订了的促销洽谈合同需要进行变更或解除时，可查看。

解读与分析

促销洽谈合同属于经济合同的一种，一经正式签订，就具有法律效力，任何一方都不得随意变更或解除。但是，由于各种原因，履行合同的条件发生了变化，原来订立的合同已经不能履行或不能完全履行，这时就需要变更或解除合同。

1. 变更或解除合同的条件

《中华人民共和国民法典》规定，凡发生下列情况之一者，允许变更或解除合同。

（1）当事人双方经过协商同意，允许变更或解除合同。

（2）因不可抗力致使不能实现合同目的，允许解除合同。

（3）在履行期限届满前，当事人一方明确表示或者以自己的行为表明不履行主要债务，允许解除合同。

（4）当事人一方迟延履行主要债务，经催告后在合理期限内仍未履行，允许解除合同。

（5）当事人一方迟延履行主要债务或者有其他违约行为致使不能实现合同目的，允许解除合同。

（6）法律规定的其他情形。

一般来说，只要具备上述情况之一，即可变更或解除合同。

2. 变更或解除合同的程序

由于变更或解除合同是一种法律行为，因而必须遵守一定的程序规范。

（1）提议。促销洽谈合同的变更或解除，必须由一方提出建议，其内容包括要求变更或解除的理由、变更后的条款、因变更或解除合同所造成的经济损失的责任、答复的期限等。

（2）答复。另一方对变更或解除合同的提议应做出回应。当一方获知对方变更或解除合同的提议后，要在规定的期限内给予对方答复。双方协商一致后，原有的合同才能变更或解除。

（3）手续。变更或解除合同，必须办理书面手续。需要有关部门批准的，相关人员应及时呈报并说明情况，经批准后，再进行相应的变更或解除。

3. 变更或解除合同的责任

（1）因不可抗力原因致使促销洽谈合同变更或解除的，不履行义务的一方不承担责任。但如果在不可抗力发生时其没有在规定的时间内通知对方，致使对方遭受损失，仍然应该承担赔偿的责任。

（2）经双方协商后变更或解除的合同，由双方协商确定如何赔偿损失。

（3）当一方发生合并、分立时，由变更后的当事人承担合同的义务和享受应有的权利。当事人被撤销时，其权利和义务由批准其撤销的单位承担。

在促销洽谈合同签订之后，可能会出现各种情况，导致双方需要变更或解除合同，这时要遵守一定的法律规定和程序规范。

关键点提示

进行促销洽谈合同的变更和解除时应注意：

1.不得随意变更或解除合同；2.变更或解除合同需要有一定的前提条件；3.变更或解除合同时要依据一定的程序规范；4.造成损失时，应承担相应的赔偿责任。

9.11 如何处理促销洽谈合同在履行中出现的纠纷

工作场景描述

当促销洽谈合同在履行过程中出现纠纷时，可查看。

解读与分析

促销洽谈的双方签订了合同之后，在履行合同的过程中，纠纷时有发生。

1. 违反促销洽谈合同的几种情况

（1）因合同当事者一方的过错造成违约。

（2）因合同当事者双方的过错造成违约。

（3）合同当事者一方因不可抗力而不能履行合同。

2. 认定违约责任时必须具备的客观条件

（1）有不履行合同的行为（即违约行为）。

（2）有违约者主观上的过错。

（3）造成损失或损害的事实客观存在。

（4）不履行合同的行为与损失或损害事实之间存在因果关系。

如果这些情况是客观存在的，而负有责任的一方又不愿意承担相应的责任，双方就会产生纠纷。

3. 合同纠纷的解决方法

（1）协商。它是指合同双方共同商量，以便取得一致意见，从而达成和解的解决方法。这种解决纠纷的方法又称为和解。通过和解使双方消除隔阂，保持相互之间的合作与信任，可以说是最好的纠纷解决办法。

（2）调解。它是指第三方在查明事实、分清是非的基础上，以说服劝告的方法，使合同双方达成调解协议，从而解决纠纷的方法。调解这一手段，在平息争议、维护并促进双方关系方面可起到非常积极的作用，是解决合同纠纷的有效途径。

（3）仲裁。它是指合同双方对纠纷争执不下，自愿将其提交给仲裁机构进行裁决的方法，裁决的结果对双方都有约束力，双方必须依照执行。仲裁往往按照合同的仲裁条款的规定进行。

用仲裁方式解决纠纷，公平公正。仲裁程序一般也较简单，节省费用，所需时间短，效率高，并有利于保持、维护双方的合作关系。

（4）诉讼。如果合同双方产生纠纷后，通过上述途径无法解决，或纠纷性质严重

（如责任方有明显的违法行为），一方可以向有管辖权的法院起诉，要求通过法律程序解决纠纷。

诉讼最终能够强制性地解决问题，使责任彻底明确，是一种有效解决纠纷的手段。但诉讼必须通过严格的司法程序，耗时较长，其结果往往会使双方的合作关系彻底破裂，所以若非迫不得已，一般的合同纠纷尽量不要通过诉讼解决。

关键点提示

处理有关促销洽谈合同方面的纠纷时应注意：

1.违约情况和违约责任的判定条件；2.协商与调解是解决纠纷的理想途径；3.仲裁是有效解决纠纷的手段；4.在迫不得已的情况下，可以通过诉讼的方式解决纠纷。

9.12 如何对促销活动进行自我反省

工作场景描述

当促销人员想通过反省促销活动总结经验教训，进而提高促销业绩时，可查看。

解读与分析

1. 对照促销流程进行自我反省

反省促销流程就是根据促销活动的步骤来看看自己是如何对待客户的，是否帮助他们尽快得到了他们所需要的一切。

（1）反省自己促销之前的行为。自己是否树立了足够强的自信？是否认真研究了促销产品的特性和优点？是否找到了产品的卖点？

（2）反省自己在促销过程中的行为。是否以客户喜欢的方式进行促销？是否关注客户“已有”和“需要”两方面的问题？是否找到了客户的潜在需求，即“已有”和“需要”之间的差别？洽谈过程中是否认真倾听客户的话？在向客户提供产品、服务和建议时，是否诚心诚意地为客户着想？是否相信当客户获得最大利益而付出最小代价时，促销能够获得成功？

（3）反省自己在促销之后的行为。是否经常与客户联系，以确保他们对自己所购买的产品真正感到满意？是否在发现客户的问题后及时进行解决，以加强双方的联系？当客户对自己购买的产品有好感时，有没有让他推荐给别的客户？

2. 对自身的促销行为进行自我反省

（1）自己是否确定了明确的目标？用短短的250个字把目标写在一张纸上，并把它作为行为准则和前进的助推器；每天都要花一些时间反复阅读目标，认真检视自己的行为。

（2）自己是否具有足够的自信？经常对自己的促销工作进行肯定；抓紧时间、集中精力去做正确的事；用完成的工作及良好的感受鼓励自己，并享受其中的乐趣；鼓励自己以后还要这样坚持下去。

（3）自己是否在纵容自己的错误？对促销中不合适的行为进行检讨；明确告诉自己哪些工作做得不妥；认真体会成功或失败带来的幸福和痛苦的感觉。

关键点提示

促销活动结束后应从以下方面进行自我反省：

1.对照促销流程进行自我反省；2.对自身的促销行为进行自我反省。

9.13 如何采取行动，确保客户满意

工作场景描述

当促销人员想提高客户的满意度时，可查看。

解读与分析

促销活动后期，企业需要为客户提供一系列后续服务，以增进和维护客户关系。

1. 及时向客户提供相关高质量的信息

在完成交易以后，要想提高客户的满意度，促销人员必须经常对客户进行回访。促销人员通过售后访问，向客户介绍该行业的新发展、新产品和新服务，可提高客户的满意度，还能够为促销人员带来新的订单。

2. 及时跟踪订单状况

促销人员应能估计出送货时间，要及时跟踪订单状况，努力防止送货延误。一旦出现送货延误的情况，要及时告知客户为何延误。安装人员和客户的关系与促销人员不同，而且他们可能在遇到难题时不会处理，促销人员应当充当安装人员和客户之间的润滑剂。

3. 培训客户的员工

培训客户的员工可以列入促销合同的相关条款，也可以不列入。这类服务有时会让客户感觉尤为满意。

4. 修正票据错误

促销人员如果不能及时发现票据错误并进行修正，就会导致客户的投诉。促销人员应该反复检查所有的订单和票据，确保送给客户的票据正确无误。如果在客户提出问题之前，促销人员发现并及时处理了问题，那么客户就会认为促销人员把他们的利益放在了第一位，从而会赢得客户的认可。

5. 及时处理客户的投诉

客户投诉的原因多种多样，比如送货延误、误发订单、产品质量差、企业不重视客户等。尽管投诉的很多问题不是因促销人员的直接失误造成的，但是促销人员仍要以负责的态度帮助客户及时解决问题，因为企业的促销人员是客户的第一联系人。处理好客户的投诉，有利于企业和促销人员在客户心中留下良好的印象。

总之，促销人员要充分运用一切有利条件，努力提高客户的满意度。

关键点提示

为确保客户满意，促销人员应采取以下行动：

1.及时向客户提供相关高质量的信息；2.及时跟踪订单状况；3.培训客户的员工；4.修正票据错误；5.及时处理客户的投诉。

9.14　如何向客户提供售后服务

工作场景描述

当促销人员想通过提供售后服务避免老客户和中间商流失时，可查看。

解读与分析

企业提供售后服务的目的是使客户对其所购买的产品满意，以与客户建立起长期合作、互利互惠的关系，从而凭借此坚固的“防线”应对市场竞争。促销人员要想做好售后服务工作，需要把握以下几点。

1. 充分理解售后服务的重要性

（1）售后服务是客户享有的消费者权利的一部分。客户为产品支付了费用，就应该享受到完善的服务。

（2）售后服务是客户正确使用产品的必备条件。售后服务的内容包括运输、安装、调试、示范及培训，促销人员在此期间应该努力做好企业和客户之间的沟通工作。

（3）售后服务是与客户建立信任关系的基础。如果客户能从这次交易中获益，他们通常会再次购买企业的产品或向他人宣传企业的产品，而且会拒绝竞争者的产品。

（4）售后服务有助于增加促销额。客户对自己购买的产品感到满意后会向别人推荐该产品，这是新客户的重要来源之一。

2. 向老客户提供售后服务

老客户是促销中订单的主要来源，为此促销人员要做好如下工作。

（1）促销人员要尽快缩短订货周期，按照客户要求，选择方便的物流运输通道及时发货，切实按照合同条款履行职责。

（2）促销人员应要求客户做好开箱验收工作，要给客户提供完整的产品安装调试及操作培训服务，使客户能够正确使用产品。

（3）促销人员要对客户在使用过程中发出的求助信号做出及时回应，并妥善解决客户的难题。

（4）促销人员要做到防患于未然，不要等客户提出问题或纠纷出现后才去解决。

（5）促销人员要密切关注客户在产品需求数量、型号、规格等方面的变化，提前做好应变措施，防止客户流失。

（6）促销人员在为客户提供优良服务的同时，要不断巩固双方关系，防止竞争者进入，同时尽量提高交易额。

3. 向中间商提供售后服务

中间商包括批发商、零售商等，促销人员要针对其特点提供如下服务。

（1）帮助中间商提高售货水平。促销人员要经常向他们提供建议、办法和技巧。

（2）加强与中间商的合作。促销人员要对其进行产品知识、促销技能方面的培训，与他们联合开展促销宣传，如张贴POP广告等。

（3）保证买卖合同的执行。由于主客观情况的变化，任何一个环节的延误都可能导致中间商的不满，进而影响进一步的合作。促销人员要能够预测可能出现的问题，对出现的问题要及时解决。

（4）加强与中间商的沟通。促销人员要将客户的需求信息及时反馈给产品研发设计部门，使企业真正做到根据客户需求开发产品，从根本上解决促销难的问题。

关键点提示

向客户提供售后服务时要注意以下几方面：

1.充分理解售后服务的重要性；2.向老客户提供售后服务；3.向中间商提供售后服务。

9.15　如何处理客户的抱怨与投诉

工作场景描述

当促销人员面对客户的抱怨和投诉感到不知所措，而又希望提高客户满意度时，可查看。

解读与分析

促销人员要尽量避免客户对自己所促销的产品和所提供的服务产生抱怨与不满。如果客户的满意度极低，很有可能通过一传十、十传百的宣传让促销人员的促销业绩直线下降。促销人员要想避免发生这种情况，在处理客户的抱怨和投诉方面下功夫是值得的。

1. 从客户角度考虑他们不满的时候希望得到什么

以客户为中心的现代促销理念，需要促销人员从客户的角度去考虑他们心里的想法。一般来讲，客户希望得到如下几个方面的服务。

（1）客户希望得到促销人员和企业的认真对待，希望他们提出的问题能够受到重视。

（2）客户希望能有人耐心地倾听他们的需求，而不是敷衍了事。

（3）客户希望他们面临的问题能很快得到处理。

（4）客户希望能够立即见到企业的行动，并使自己的损失得到补偿。

2. 以正确的心态处理客户的抱怨和投诉

（1）促销人员要礼貌地对待客户，不要因为客户的无知或无理就对客户乱发脾气。

（2）促销人员要鼓励客户讲话，多听少说，留意听取客户的意见，避免争吵。

（3）不管是谁的过错，促销人员都要对给客户带来的不便表示歉意，同时表现出一种渴望对方满意的真诚。

（4）促销人员要立即采取行动解决客户提出的问题，同时记下无法解决的问题并告诉客户自己会向企业汇报。

（5）促销人员要做客户的支持者，对其提出意见的行为表示感谢，尽量大事化小，小事化了。

3. 建立完善的客户抱怨和投诉处理流程

要想妥善处理客户的抱怨和投诉，不仅需要促销人员有良好的心态和成熟的处理技巧，更需要企业建立起一套良好的客户抱怨和投诉处理流程，以便让企业的服务意识通过该流程得到体现。

（1）明确处理抱怨和投诉的负责部门。业务部负责受理客户的抱怨和投诉，填写“客户抱怨和投诉分析处理单”，确定应由哪一个部门处理后，转送有关部门处理。

（2）处理客户的抱怨和投诉。业务部门受理抱怨和投诉以后，需将处理单以最快的速度分送至有关部门。相关部门决定处理办法，提供资料并进行分析，统一协调。客户的抱怨和投诉必须迅速处理，不得积压、拖延。

（3）回复客户的抱怨和投诉。企业邮寄“检验报告表”给客户，并通知相关业务部门跟踪处理。

总之，对客户抱怨和投诉的处理是售后服务的重要组成部分，不论是促销人员还是企业相关部门，都应该齐心协力，制订有效措施来提高客户满意度，促进产品销售。

关键点提示

要处理好客户的抱怨与投诉，应做到以下几点：

1.从客户角度考虑他们不满的时候希望得到什么；2.以正确的心态处理客户的抱怨和投诉；3.建立完善的客户抱怨和投诉处理流程。

9.16 如何赢回失去的客户

工作场景描述

当促销人员想通过有效手段赢回失去的客户，达到再次促销的目的时，可查看。

解读与分析

通常一个客户周围有250个潜在客户，客户的流失将会给促销人员带来巨大的损失。促销人员应该懂得如何赢回失去的客户，在找回失去的客户的同时达到再次促销的目的。

1. 明白失去客户的原因

促销人员不要认为自己总是对的，当客户离你而去的时候，他们肯定有自己的理由。明白失去客户的原因，能够帮助促销人员赢回失去的客户。

（1）经常找借口而使客户失去对促销人员的信任。客户关心的是促销人员的承诺，而不是借口，所以，促销人员向客户承认自己的过失并尽量避免才是正道。

（2）忽视客户的信息反馈。客户一般不会主动告诉促销人员他们的不满，他们更喜欢直接转身离开。因此，促销人员应尽量通过私人会面、主题讨论会、问卷调查等方式搜集客户的相关信息反馈。

（3）思想消极而影响客户情绪。客户更愿意同那些充满自信的人做生意。

（4）损害竞争对手的声誉会引起客户的反感。当客户询问促销人员竞争对手的情况时，促销人员可以说“××企业的产品的确很不错，但我想告诉您，为什么客户选择了我们企业……”，继而转换话题。

（5）不要理所当然地认为客户会永远忠实于企业。促销人员要通过邮寄贺卡、赠送免费物品等方式不断维护和客户之间的关系。

（6）不要故步自封，不思进取。促销人员要加强学习，多参加各种研讨会，多阅读专业书籍和杂志，以不断丰富、提高自己的业务知识和工作技能。促销人员要加深对行业的了解，增强客户的信心。

2. 中小型企业以真诚的服务赢回失去的客户

中小型企业规模小，在赢回失去的客户方面，可以多用感性手段，可以运用如下一些小技巧，以争取客户回心转意。

（1）促销人员要承认企业产品或服务给客户带来的不便并道歉。

（2）促销人员要学会倾听，理解客户心情。生气的客户通常会对同情其遭遇的促销人员产生好感，促销人员恰当的提问可以活跃气氛，转移客户注意力。

（3）促销人员要针对问题提出一种公平、合理的解决方案。

（4）当产品或服务给客户造成不便或损失时，促销人员要给予客户补偿。客户会对那些道歉真诚、措施合理的企业表示理解。

（5）促销人员要信守诺言并不断跟踪服务。如果第一次服务不成功，跟进行动可以给予企业补过的机会。

3. 大型企业可利用先进信息系统和企业文化赢回失去的客户

大型企业需要借助先进的信息系统和企业文化来赢回失去的客户。

（1）企业要增强促销人员的服务意识，通过培训、研讨、调研等方式增强促销人员的工作积极性。

（2）企业要制订合理的服务标准和规范。

（3）企业要有完善的投诉系统，方便客户投诉的同时也方便企业管理。

（4）企业要为一线促销人员提供组织支持。当一线促销人员努力解决客户的问题时，企业的其他人要及时予以援助。

（5）企业要建设良好的企业文化，让为客户服务的思想融入企业文化。

关键点提示

要想赢回失去的客户，要做到以下几点：

1.明白失去客户的原因；2.中小型企业要以真诚的服务赢回失去的客户；3.大型企业可利用先进信息系统和企业文化赢回失去的客户。

9.17　如何通过与零售商合作提高促销额

工作场景描述

当促销人员想采取适当措施与零售商开展合作，进而提高产品促销额时，可查看。

解读与分析

零售商是企业销售渠道中不可或缺的一部分。零售商直接面对消费者，因此争取零售商的积极合作是扩大产品销量的重要途径。

1. 制订零售商渗透方案

促销人员要针对每个零售商制订一份促销计划方案，包括如何与零售商交朋友，如何提高促销额等内容。

2. 仔细检查零售商的销售情况

促销人员要仔细检查零售商的销售情况。如果零售商还没有开始经销本企业的产品，促销人员应当重点进行开拓，如让零售商销售所有型号产品。

3. 保持仓库和货架上有货

脱销会使企业和零售商都受到损失，切记不要发生产品脱销。促销人员定期拜访零售商有助于避免脱销。如果零售商的产品存量已很低，促销人员就应该及时打电话给零售商，提醒零售商尽快订购产品。

4. 力争获取最好的架位

促销人员应当不断地寻找最佳的产品摆放架位。促销人员要告诉零售商及时把货架填满，并且保持整洁的外观，同时要不断改进促销思路。例如，零售商可以用黄色的纸条写出产品打折前后的价格信息等。

5. 帮助零售商学会使用产品

促销人员应该帮助零售商学会正确使用产品。该方法既能加深对零售商的渗透，又能扩大促销额。

6. 帮助零售商的促销人员

促销人员要想让零售商的促销人员热情地宣传本企业的产品，应该与零售商的促销队伍密切合作。如果促销人员能为他们提供产品知识和促销秘诀，将比那些仅仅重视访问消费者的促销人员更容易获得成功。

关键点提示

与零售商合作以提高促销额时，应做到以下几点：

1.制订零售商渗透方案；2.仔细检查零售商的销售情况；3.保持仓库和货架上有货；4.力争获取最好的架位；5.帮助零售商学会使用产品；6.帮助零售商的促销人员。